"十四五"职业教育国家规划教材

职业院校汽车类
汽车类"十三五

U0590016

W 万通汽车教育
WONTONE AUTOMOTIVE EDUCATION | SATA世达

汽车
快修快保实训工单

AR版

徐念峰◎主编
叶永辉 袁种宝 张林◎副主编
朱军 孙健◎主审

人民邮电出版社
北 京

图书在版编目（CIP）数据

汽车快修快保实训工单：AR版 / 徐念峰主编. --
北京：人民邮电出版社，2019.8（2024.5重印）
职业院校汽车类"十三五"微课版规划教材
ISBN 978-7-115-51186-7

Ⅰ．①汽… Ⅱ．①徐… Ⅲ．①汽车－车辆修理－高等
职业教育－教材②汽车－车辆保养－高等职业教育－教材
Ⅳ．①U472

中国版本图书馆CIP数据核字（2019）第080460号

内 容 提 要

本书以国内主流车系的汽车正常行驶 10 万千米里程的维修保养为主线，参照车辆用户手册和实际维修保养周期，设置了汽车常规保养、机油及机油滤清器、冷却液、燃油滤清器、进气系统、空气滤清器、火花塞、燃油供给系统、燃油压力、气缸压力、三元催化器、空调制冷剂、刮水片、手动变速器油、制动液、自动变速器油、动平衡仪、汽车四轮定位、扒胎机、制动片、空调、转向助力油、汽车全车灯光、节气门共计 24 个项目的实训内容。

本书既可以作为职业院校汽车类专业同类课程的实训教材，也可以作为企业职工培训（或自学者学习）同类技术的辅助教学参考用书。

◆ 主　　编　徐念峰
　　副主编　叶永辉　袁种宝　张　林
　　主　　审　朱　军　孙　健
　　责任编辑　王丽美
　　责任印制　马振武
◆ 人民邮电出版社出版发行　　北京市丰台区成寿寺路 11 号
　　邮编　100164　　电子邮件　315@ptpress.com.cn
　　网址　http://www.ptpress.com.cn
　　固安县铭成印刷有限公司印刷
◆ 开本：787×1092　1/16
　　印张：15.5　　　　　　　　　　2019 年 8 月第 1 版
　　字数：320 千字　　　　　　　2024 年 5 月河北第 15 次印刷

定价：39.80 元
读者服务热线：(010)81055256　印装质量热线：(010)81055316
反盗版热线：(010)81055315
广告经营许可证：京东市监广登字20170147号

丛书编委会

顾　　问：许绍兵　陶　青　徐念峰　赵丽丽　魏　勇　费维东

主　　任：何　扬

副 主 任：潘耀才　李迎春　刘明春　张荣全　裴　勇　陈应连　江丽萍
　　　　　李永朋　潘太煌　臧金勇　方宏刚　李华东　李登宝　方胜利
　　　　　丁　旭　郑凯勇　陈　昊　张荣福　杨　柳　陈　浮　金宏中
　　　　　韩　明　崔　郑　王国福　王林江

编审委员：廖光宙　梁学宏　李长娥　李仰欣　张传明　徐　勇　舒一鸣
　　　　　谢伟伟　李　新　袁种宝　段淮馨　张　伟　爨要锋　吕　鹏
　　　　　叶永辉　何疏悦　程本武　孙敦侃　柯文浩　朱　雯

专业委员：郑陆保　练杰城　张　庆　阳　鑫　张国巍　王建辉　陶世军
　　　　　李　超　续　峰　梁　奇　康　君　韦万春　占　伟　李　果
　　　　　岳　光　郑超志　刘红雷　王　亮　李东阁　王　佳　阚建辉
　　　　　周紫超　王　勇　沈　涛　朱恒刚　陈晓龙　赵新峰　李　鹏
　　　　　郑昌利

视频编导：朱　雯　刘　伟

实训教师：周小康

技术指导：马祖荣　张亚东　叶永辉

视频制作：吴　阳　邵顺顺　刘　伟

视频解说：朱　雯

本书编委会

主　　审：朱　军　孙　健

主　　编：徐念峰

副 主 编：叶永辉　袁种宝　张　林

参　　编：张龙龙　李　超　荆　宇　张海滨　李永国　常　镇　王国庆

　　　　　李炜东　王维国　冯国栋　马春伟　牛书海　王明洋　衣天培

　　　　　杨九柱　赵　方　杨　涛　何树生　韩永昌　桂仲强　王修兴

前言

随着中国汽车市场进入稳定期，汽车后服务市场的"黄金时代"已经到来。而汽车维修行业高素质技能人才越来越紧缺。

优质的服务需要完善的知识储备，更需要专业的操作技能。知识让我们的技能更具有含金量。然而，同样的服务，同样的技能，差异在哪里？差异在于规范。规范存在于工作的每一个细节中，在每一个服务过程中。

正如党的二十大报告所要求"构建优质高效的服务业新体系，推动现代服务业同先进制造业、现代农业深度融合。"只有这样，才能构建汽车从制造到服务全过程的服务标准和规范，形成具有中国特色的汽车工业体系与标准。

万通汽车教育研究院编写的汽车检测与维修技术专业课程的系列实训工单第一期共6本，包括"汽车发动机机械系统""汽车发动机电控系统""汽车底盘机械系统""汽车底盘电控系统""汽车电气系统"5门基础核心课程配套的实训工单，同时还包括以行驶里程为主线的"汽车快修快保"课程配套的实训工单。本系列实训工单体现了各专业课程实训环节操作的标准化和流程的规范性。

实训就是在相应设备上验证所学的理论知识，在这个验证过程中每一个环节都需要按照工单所规定的要求、步骤、规范、标准进行操作。除专业内容之外，还包括安全防护、工具准备、环境卫生等6S管理方面的内容。只有这样，才能使我们在掌握汽车检修、保养基本技能的同时，学会全流程的规范操作。本书附录中提供了6S管理考核评分表和实训报告单。

要贯彻党的二十大报告中"深入实施人才强国战略。培养造就大批德才兼备的高素质人才，是国家和民族长远发展大计。功以才成，业由才广。"努力培养造就更多大师和卓越工程师、大国工匠、高技能人才。本书依据专业课程的特点提出职业素养培养目标，落实立德树人根本任务，弘扬了精益求精的专业精神、职业精神和工匠精神。

本书共24个实训项目，47个任务，介绍了汽车快修快保实训的相关内容。全书按照理论知识问答、实训操作、专业考核评分表3部分设计了上述课程的实训环节。本书内容在相关院校的实训教学过程中经过了多次验证、修改和完善。

本书由AR展示、在线互动知识及后台大数据测评系统（专利号：201810230606.2）支撑。本书在大部分实训操作任务开始前设置了"操作步骤演示"栏目，提供了基于AR技术的多媒体图片。读者打开"智慧书"App（手机等移动终端扫描封面二维码可下载App），扫描"操作步骤演示"中的多媒体图片即可观看相应内容的短视频，并可进行在线答题及查看答案。

本书由万通汽车教育研究院特聘专家、汽车服务工程专业博士徐念峰老师任主编，万通汽车教育研究院叶永辉、袁种宝、张林老师任副主编。中国汽车工程学会朱军老师、南京帕博专业汽车服务连锁企业总经理孙健任主审。南京林业大学风景园林学院何疏悦副教授参加了本书多媒体资源的系统设计。世达工具（上海）有限公司提供了本书多媒体资源拍摄中所使用的汽修设备及工具。万通汽车教育直营院校部分教师参加了图书编写、审核和视频拍摄等工作。人民邮电出版社对此项目高度重视，派出强有力的团队给予支持，在此一并表示感谢！

由于编者水平有限，书中难免存在不足之处，请读者予以指正。

万通汽车教育研究院

2022 年 11 月

目录

实训项目一 —— 汽车常规保养

任务　汽车常规项目检查

_____学时

班级：		组别：		姓名：		掌握程度：□优　□良　□及格 □不及格
实训目的	根据"任务"的需求，能够掌握汽车常规项目检查的方法。					
安全注意 事项	注意个人及设备安全，规范操作。					
实训器材	整车（如卡罗拉）、世达工具、整车防护七件套、制动液检测笔、蓄电池检测仪、pH试纸、定性滤纸、气枪、冰点检测仪、胎压表、扭力扳手等。					
教学组织	每辆车按6位学员（组长1人、主修1人、辅修1人、观察员1人、评分1人、质检1人）作业，循环操作。					
任务	作业记录内容　☑正确　☒错误					
前期准备	□ 1. 护具——整车防护七件套［前翼子板垫/左右翼子板垫/脚垫/转向盘套/座椅套/变速器操作杆（变速杆）套］等，如图1-1和图1-2所示。（注①） □图1-1　车外三件套　　　□图1-2　车内四件套 □ 2. 工具、耗材——整车、世达工具（见图1-3）、制动液检测笔（见图1-4）、蓄电池检测仪（见图1-5）、pH试纸、定性滤纸、气枪、冰点检测仪（见图1-6）、胎压表、扭力扳手等。 □图1-3　世达工具　　　□图1-4　制动液检测笔					

注①：准备工作一定注意四到位。1. 防护到位；2. 工具到位；3. 设备到位；4. 耗材到位。

前期准备	□图 1-5 蓄电池检测仪　　　□图 1-6 冰点检测仪 视频 职业素养
安全检查	□检查车辆驻车制动器是否拉起及变速杆是否处于空挡。 □检查实训台架及周围是否安全。 □举升车辆10～20cm，检查举升机支点位置。 □举升车辆时，检查举升机举升过程。（注②）
防护工作	防护工作的操作步骤如图1-7～图1-9所示。 □图 1-7 人身防护　　　□图 1-8 车身防护　　　□图 1-9 车内防护
操作流程	**步骤一　发动机舱检查** □ 1．机油检查。（注③） □（1）汽车熄火3～5min后检查机油量。将机油尺拔出，用纸将机油擦干净，再将机油尺插入，如图1-10所示。再次拔出机油尺，观察机油位置是否处于图1-11所示的正常油位。检查结果：＿＿＿＿＿＿＿＿＿＿＿＿＿＿＿＿＿。 最高油位 [F]　　最低油位 [L] 正常油位 [N] □图 1-10 机油尺　　　□图 1-11 机油尺标识

注②：举升过程中如果有异常或异响，应立刻停止当前作业并及时和老师联系，不得擅自处理。
注③：1. 检查油液时还要检查机油是否有泄漏；2. 使用仪器检测时，一定要将仪器收拾干净后才能装回原位。

操作流程	□（2）检查机油的质量（即油质）。将机油滴在定性滤纸（见图1-12）上，观察机油在定性滤纸上的状态，如图1-13所示。检查结果：_____。 机油油质检查标准：_____ _____。 □图1-12　定性滤纸　　□图1-13　测试现象 扩散环 沉积环 油环 彩图 图1-13 □2．蓄电池检查。 □（1）检查蓄电池极柱紧固情况，如图1-14所示。检查结果：是□　否□ 需要修复紧固。 □（2）检查蓄电池极柱有无氧化，如图1-15所示。检查结果：是□　否□ 氧化。 □图1-14　蓄电池极柱紧固检查　　□图1-15　极柱氧化检查 □（3）检查蓄电池电量。通过专用蓄电池检测仪或蓄电池观察孔（见图1-16）判断蓄电池电量。 □3．冷却系统检查。 □（1）检查冷却液（防冻液）的量，如图1-17所示。检查结果：是□　否□ 需要补充冷却液。 □（2）检测冷却液的pH值，如图1-18所示。检测结果：是□　否□ 需要更换冷却液。 □（3）检测冷却液的冰点，如图1-19所示。检测结果：是□　否□ 需要更换冷却液。 □图1-16　通过蓄电池观察孔判断蓄电池电量 □（4）检查软管有无磨损、裂纹、凸起、硬化。检查结果：是□　否□ 需要更换软管。

操作流程	  □图1-17 冷却液液位检查　　□图1-18 pH值检测　　□图1-19 冰点测试 □ 4．刮水器检查。 □（1）检查玻璃水是否充足，如不充足，应添加，如图1-20所示。检查结果：是□　否□　需要补充玻璃水。 □（2）检查刮水器喷水孔喷水状况，如图1-21所示。检查结果：是□　否□　需要调整或更换刮水器。   　　□图1-20　补加玻璃水　　　　　□图1-21　喷水状况测试 □ 5．拆取并检查空气滤清器是否过脏，如图1-22所示。检查结果：是□　否□　需要对空气滤清器进行清洁（见图1-23），是□　否□　需要更换。   　　□图1-22　拆取空气滤清器　　　□图1-23　清洁空气滤清器 □ 6．发动机驱动皮带检查。 □（1）检查皮带张紧度，如图1-24所示。检查结果：是□　否□　需要调整皮带张紧度。 □（2）检查皮带质量，如图1-25所示。检查结果：是□　否□　需要更换皮带。 　皮带检查方法：_____ _____。 □ 7．转向助力油的检查。 □（1）检查转向助力油油量，如图1-26所示。检查结果：是□　否　□需要补充转向助力油。

操作流程	 □图1-24　皮带张紧度检查　　 □图1-25　皮带质量检查　　 □图1-26　检查转向助力油油量 □（2）检查转向助力油油质。检查结果：是□　否□　需要更换转向助力油。 □8．制动液的检查。 □（1）检查制动液液量，如图1-27所示。检查结果：是□　否□　需要补充制动液。 □（2）用制动液检测笔检查制动液油质，如图1-28所示。检查结果：是□　否□　需要更换制动液。  □图1-27　制动液液量检查　　　　　　 □图1-28　制动液油质检查 □9．发动机泄漏情况检查。 □（1）检查发动机各部位有无漏油。检查结果：是□　否□　需要更换发动机。 □（2）检查燃油管及接头有无泄漏。检查结果：是□　否□　需要更换燃油管及接头。 □（3）检查制动液管及接头有无泄漏。检查结果：是□　否□　需要更换制动液管及接头。 **步骤二　底盘系统检查** □1．车轮与轮胎的检查。 □（1）检查胎压，如图1-29所示。检查结果：是□　否□　需要补气。 　　　标准胎压标识位置在：＿＿＿＿＿＿＿＿＿＿＿＿＿＿＿＿＿＿＿＿。 　　　标准胎压：空载前为＿＿＿＿＿＿，空载后为＿＿＿＿＿＿；满载前为＿＿＿＿＿＿，满载后为＿＿＿＿＿＿。 □（2）检查轮胎磨损、老化情况，如图1-30所示。检查结果：是□　否□　需要更换轮胎或做四轮定位。 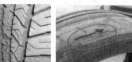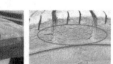 □图1-29　胎压检查　　　　　　　　□图1-30　轮胎外观检查

□（3）检查车轮轴承有无松旷（见图1-31）或旋转噪声。检查结果：是□ 否□ 需要更换轴承。

□ 2．悬架部件检查。

□（1）检查减振器有无漏油情况，如图1-32所示。检查结果：是□ 否□ 需要更换减振器。

□图 1-31　车轮轴承检查

□图 1-32　减振器检查

□（2）检查转向横拉杆及内、外球头连接处有无松旷变形，如图1-33所示。检查结果：是□ 否□ 需要更换转向横拉杆及内、外球头。

□（3）检查制动软管和接头有无开裂、泄漏，如图1-34所示。检查结果：是□ 否□ 需要更换制动软管和接头。

操作流程

□图 1-33　转向横拉杆检查

□图 1-34　制动软管检查

□（4）检查上、下托臂球头是否松旷、破损，如图1-35所示。检查结果：是□ 否□ 需要更换上、下托臂球头。

□（5）检查上、下托臂胶套是否破损、变形，如图1-36所示。检查结果：是□ 否□ 需要更换上、下托臂胶套。

□图 1-35　托臂球头检查

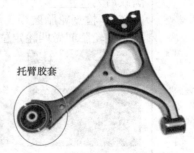

□图 1-36　托臂胶套检查

□（6）检查内、外球笼防尘套是否有裂纹、漏油，如图1-37所示。检查结果：是□　否□　需要更换防尘套。

□ 3．车轮制动片、制动盘及制动分泵的检查。

□（1）检查车轮制动片的厚度，如图1-38所示。检查结果：是□　否□　需要更换制动片。

□图 1-37　球笼防尘套检查

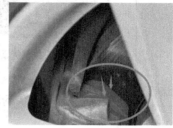

□图 1-38　制动片检查

制动片厚度的标准检查法：_____

_____。

制动片厚度的经验检查法：_____

_____。

□（2）检查制动盘有无裂纹、沟槽或磨损，如图1-39所示。检查结果：是□　否□　需要更换制动盘。

□（3）检查制动分泵是否有卡滞、松旷、漏油，如图1-40所示。检查结果：是□　否□　需要更换制动分泵。

□图 1-39　制动盘检查

□图 1-40　制动分泵检查

□ 4．底盘管路及紧固状态检查。

□（1）检查排气管吊耳，确认排气管安装是否紧固，如图1-41所示。检查结果：是□　否□　需要紧固。

□（2）检查排气管有无泄漏、变形。观察排气管是否发黑，若发黑则说明排气管漏气，如图1-42所示。检查结果：是□　否□　需要修复。

□（3）检查制动燃油管安装是否紧固。检查结果：是□　否□　需要紧固。

操作流程

操作流程	 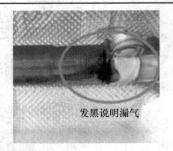 发黑说明漏气 □图1-41　排气管紧固情况检查　　□图1-42　排气管外观检查 □ 5．整车底盘螺栓检查。使用扭力扳手按规定扭矩紧固底盘所有螺栓。底盘螺栓位置如图1-43所示。 彩图 图1-43 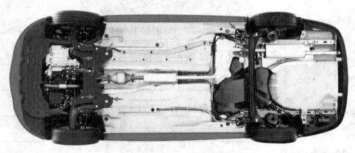 □图1-43　整车底盘螺栓检查
验收	1．质检验收（一般项目）。 同客户试车，确认是否有异议。　　　　　是□　否□ 与施工单对照，检查各项目是否完成。　是□　否□ 检查工具、设备是否落在车上。　　　　是□　否□ 2．质检验收（重点项目）。 检查底盘所有螺栓是否紧固。 检查发动机舱是否正常。　　　　　　　是□　否□ 检查底盘是否正常。　　　　　　　　　是□　否□ 检查车辆内饰件及内部操作功能是否正常。　是□　否□

检查与评估

6S管理规范 （教师点评）	□整理　□整顿　□清扫　□清洁　□素养　□安全
成绩评定 （学生总结）	小组对本人的评定：□优 □良 □及格 □不及格 学生本次任务成绩：□优 □良 □及格 □不及格

专业考核评分表——汽车常规项目检查

班级：		组别：	组长：	日期：		
技术标准：1. 汽车油液检查规范及操作要求；2. 汽车常规检查内容与标准						
序号	作业项目	考核内容	考核标准	分值	扣分	得分
1	准备环节	正确选用工具/量具	选错1次扣1分	5		
2		正确使用工具/量具	用错1次扣1分	5		
3	问答环节	车身检查项目	回答不完整扣1分，回答错误扣2分	2		
4		机油、冷却液、玻璃水、转向助力油、制动液更换周期	回答不完整扣1分，回答错误扣2分	4		
5		机油、冷却液加注的量	回答不完整扣1分，回答错误扣2分	2		
6		蓄电池检查项目	回答不完整扣1分，回答错误扣2分	2		
7	检查环节	机油检查	未预热发动机扣2分；检查机油质和量，不按流程操作扣3分	5		
8		蓄电池检查	检查蓄电池状态，漏掉1项扣1分	5		
9		冷却系统检查	检查冷却液和量，不按流程操作扣3分	5		
10		刮水器检查	检查玻璃水量，检查喷水状况，不按流程操作扣3分	5		
11		空气滤清器检查	检查脏污程度，未检查扣2分	5		
12		发动机驱动皮带检查	检查张紧度和质量，不按流程操作扣3分	5		
13		转向助力油检查	检查转向助力油质和量，不按流程操作扣3分	5		
14		制动液检查	检查制动液质和量，不按流程操作扣3分	5		
15		发动机泄漏情况检查	不按流程操作扣3分	5		
16		车轮与轮胎检查	不按流程操作扣3分	5		
17		悬架部件检查	不按流程操作扣3分	5		
18		车轮制动片、制动盘及制动分泵检查	不按流程操作扣3分	5		
19		底盘管路及紧固状态检查	不按流程操作扣3分	5		
20		整车底盘螺栓检查	不按流程操作扣3分	5		
21	项目实训时间		0～18min　　10分 18～20min　　8分 20～25min　　5分 ＞25min　　0分	10		
质检员：		评分员：		合计得分		

教师点评：

团队合作：优秀□ 良好□ 及格□ 不及格□　　　　分工明确：优秀□ 良好□ 及格□ 不及格□

专业标准：优秀□ 良好□ 及格□ 不及格□　　　　操作规范：优秀□ 良好□ 及格□ 不及格□

教师签字：　　　　　　　　　　　　　　　　　　　　　　　年　　月　　日

注：实训未按规范操作，导致设备损坏或人身伤害，本次考核记0分。

实训项目二　机油及机油滤清器

任务一　机油及机油滤清器认知

_____学时

班级：	组别：	姓名：	掌握程度：□优　□良　□及格 □不及格

一、工作任务

1．熟知机油（也称润滑油）的作用、等级和分类。

2．认识机油滤清器（简称机滤）。

3．掌握机油的产品特性。

4．培养安全意识、规范意识和环保意识，养成遵守行业标准和规范的习惯。

二、项目认知

1．机油的作用

参照图2-1完成下列填空题。

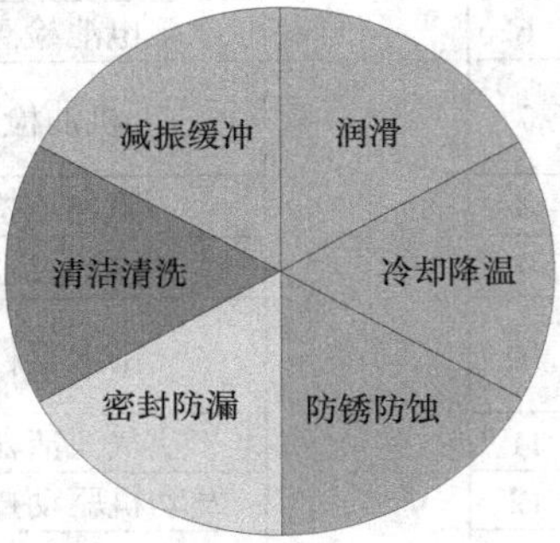

（1）气缸压力过低时，倒入少许机油后，气缸压力升高，这反映了机油的_____用途。

（2）铸铁件在储存时表面常会附着一层油膜，这反映了机油的_____用途。

图 2-1　机油作用分析

（3）发动机润滑系统工作时，机油流过金属摩擦表面并带走表面残存的金属粉和热量，这反映了机油的_____和_____用途。

（4）当轴承旋转发涩时，加入一点机油后，旋转就会变得顺畅了，这反映了机油的_____用途。

（5）汽车长时间放置后，起动开始时发动机声音很杂，运转一会儿后杂音消失，这反映了机油的_____用途。

2．机油滤清器

图2-2中两个箭头所指的地方表示的含义是什么？

_____

_____

3．机油油质

分析图2-3所示的机油油质。

判断1号机油如何处理：_____。

判断2号机油如何处理：_____。

判断3号机油如何处理：_____。

图2-2 机油滤清器

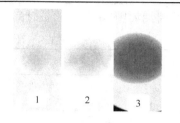

图2-3 机油油质分析

彩图

图2-3

4. 机油型号和类型认知

（1）如图2-4所示，写出5W-40和SM表示的含义。

5表示_____；W表示_____；

40表示_____；SM表示_____。

图2-4 机油种类

（2）机油黏度的选用应同时满足低温起动性和高温润滑性。根据图2-5所示内容并查询资料，在表2-1中填写机油的适用温度，并找出一般的规律。

−35℃时机油的流动性

5W-40　　10W-40　　15W-50　　20W-40　　40

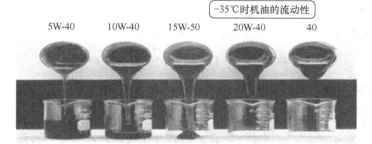

图2-5 不同黏度等级的机油对比

表2-1　　　　　　　　　　机油黏度等级及适用温度范围

黏度等级	适用温度范围 /℃	黏度等级	适用温度范围 /℃
5W-20		20W-40	
5W-30		10W	
10W-30		20	
10W-40		30	
15W-40		40	

（3）机油类型和保养周期如图2-6所示。长时间不更换机油或更换劣质机油的后果：

_____

_____ 。

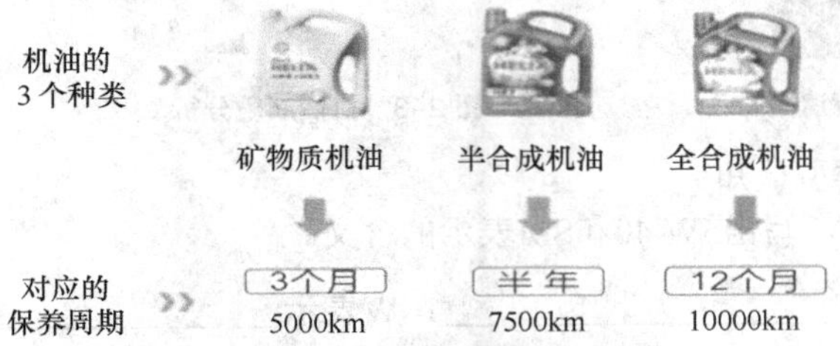

机油的
3个种类 ▶▶ 矿物质机油　　半合成机油　　全合成机油

对应的
保养周期 ▶▶ ┌ 3个月 ┐　┌ 半年 ┐　┌ 12个月 ┐
　　　　　　　5000km　　7500km　　10000km

图2-6　机油类型及保养周期

（4）列举机油、机油滤清器的品牌、品种、价位。

① _____ 。

② _____ 。

③ _____ 。

④ _____ 。

·········· □ 案例分享 □ ··········

●———— 【故障现象】 ————●

一辆2010年产长安福特嘉年华自动挡轿车，发动机排量1.5L，行驶里程约9万千米。客户反映，该车在高速行驶中突然熄火，之后就无法起动了，只好打电话要求救援。

●———— 【故障诊断】 ————●

维修人员驾驶救援车辆到达现场，首先进行故障验证。

起动车辆，起动机运转正常，但发动机无法起动，且发动机起动过程中明显没有压缩的声音，同时发动机正时链条处有异响。

维修人员拆开发动机气门室盖，发现凸轮轴链轮螺栓已经断裂，凸轮轴链轮与凸轮轴分离，故发动机无法起动。

凸轮轴链轮螺栓为什么会断裂呢？维修人员尝试转动凸轮轴，发现其根本无法转动，于是拆检凸轮轴。拆开凸轮轴轴承盖后发现，轴承座与凸轮轴表面已有多处拉伤，而且凸轮轴已经抱死。

首先检查了机油，发现油位、油质均正常。检查发动机冷却液液位，正常。询问客户出现问题前发动机温度是否正常，机油压力报警灯是否点亮，客户表示之前冷却液温度及仪表指示一切正常。

拆检发动机，先后检查了机油泵、机油泵粗滤网，均未发现异常，当拆开机油滤清器时，发现油道上有一些纸屑。

由此可知，正是这些纸屑将通往凸轮轴轴承座的油道堵塞了，使得部分凸轮轴轴承座得不到足够的机油用来润滑，最终导致凸轮轴与凸轮轴轴承座抱死，凸轮轴链轮螺栓被绷断。

那么这些纸屑又是从哪里来的呢？拆开机油滤清器后一切都变得明朗了，原来是机油滤清器内的纸质滤芯脱落了，脱落的碎片随着机油流到了各个油道里。经查证，发现该车装配的是劣质的机油滤清器，同时客户也承认曾在不正规的汽车修理店进行过保养。

【故障排除】

清洗并疏通发动机所有的油道，更换受损部件，故障排除。

【故障原因】

出现这种情况（轴承座与凸轮轴表面有拉伤）显然是润滑不良导致的，可能的故障原因有以下几方面：

1. 机油质量有问题；
2. 机油泵粗滤网有堵塞；
3. 机油泵压力不足；
4. 机油压力通道有泄压处；
5. 机油压力通道有异物堵塞；
6. 发动机温度过高。

【案例总结】

上述案例告诉我们，一个价值不高的小配件的故障，可能造成上万元甚至更高的经济损失。因此，配件的质量至关重要，不是能装上的就一定能正常使用。一般人很难分辨配件的好坏，其实对于配件的选择，最简单有效的办法就是到正规的汽车修理店选择价格合理的产品。

任务二　机油及机油滤清器更换

_____学时

班级：	组别：	姓名：	掌握程度：□优　□良　□及格　□不及格

实训目的	根据"任务二"的需求，能够掌握更换机油及机油滤清器的方法。
安全注意事项	注意个人及设备安全，规范操作。
实训器材	整车（如科鲁兹）、世达工具、机油滤清器套筒扳手、机油、机油滤清器、集油器、整车防护七件套、积炭净、故障诊断仪、毛巾等。
教学组织	每辆车按6位学员（组长1人、主修1人、辅修1人、观察员1人、评分1人、质检1人）作业，循环操作。
操作步骤演示	 微课 机油及机油滤清器更换

任务	作业记录内容　☑正确　☒错误
前期准备	□ 1．护具——整车防护七件套（前翼子板垫/左右翼子板垫/脚垫/转向盘套/座椅套/变速器操作杆套），如图2-7和图2-8所示。（注①） 前翼子板垫　左右翼子板垫　　转向盘套　座椅套　脚垫　变速器操作杆套 □图2-7　车外三件套　　　□图2-8　车内四件套 □ 2．工具、耗材——整车、世达工具（见图2-9）、机油滤清器套筒扳手（见图2-10）、集油器（见图2-11）、机油（见图2-12）、机油滤清器（见图2-13）积炭净、故障诊断仪、毛巾等。

注①：准备工作一定注意四到位。1．防护到位；2．工具到位；3．设备到位；4．耗材到位。

汽车快修快保实训工单（AR版）

·14·

前期准备	□图 2-9　世达工具　　□图 2-10　机油滤清器套筒扳手　　□图 2-11　集油器 □图 2-12　机油　　　　　　□图 2-13　机油滤清器
安全检查	□检查车辆驻车制动器是否拉起及变速杆是否处于空挡。 □检查实训台架及周围是否安全。 □举升车辆10～20cm，检查举升机支点位置。 □举升车辆时，检查举升机举升过程。（注②）
防护工作	防护工作的操作步骤如图2-14～图2-16所示。 □图 2-14　人身防护　　□图 2-15　车身防护　　□图 2-16　车内防护
操作流程	（一）操作步骤 步骤一　放旧油 □ 1．机油油量及油质的检查。 □（1）发动机熄火，3～5min后，拔出机油尺，如图2-17和图2-18所示。 □图 2-17　机油尺位置　　□图 2-18　拔出机油尺

注②：举升过程中若有异常或异响，应立刻停止当前作业并及时和老师联系，不得擅自处理。

检查机油液面高度时，为什么要先将发动机熄火，再等3～5min呢？

_____

□（2）检查机油的液面高度，判断车辆机油损耗情况。机油尺上的标识及其含义如图2-19所示。

机油损耗过多，需要检查有无泄漏或烧机油（烧机油是指机油进入了燃烧室，与混合气一起参与了燃烧）现象。那么如何判断发动机是否存在烧机油现象？

_____

□（3）检查机油的品质，判断是否存在积炭现象，如图2-20所示。检查结果：是□ 否□ 需要使用积炭净。（注③）

□图2-19　机油尺标识及其含义　　　　□图2-20　机油品质测试

操作流程

□2．放油流程。

□（1）打开机油加注口密封盖（见图2-21），用毛巾盖住加注口。

□（2）举升车辆至高位，检查油底壳是否漏油，如图2-22所示。

□图2-21　机油加注口密封盖　　　　□图2-22　油底壳检查

□（3）放好集油器，如图2-23所示。用扳手拧松放油螺栓，如图2-24所示。

□图2-23　放置集油器　　　　□图2-24　拧松放油螺栓

注③：积炭净使用方法请参照产品上的使用说明。

	□（4）用手拧松螺栓，保留1～2扣，将集油器就位。用手迅速拿开放油螺栓，接取废油，如图2-25所示。（注④） □（5）检查放油螺栓（见图2-26）和垫片。检查结果：是□ 否□ 需要更换放油螺栓和垫片。 　　放油螺栓和垫片的检查标准是＿＿＿＿＿＿＿＿＿＿＿＿＿＿＿＿＿＿＿＿ ＿＿＿＿＿＿＿＿＿＿＿＿＿＿＿＿＿＿＿＿＿＿＿＿＿＿＿＿＿＿＿＿＿＿ ＿＿＿＿＿＿＿＿＿＿＿＿＿＿＿＿＿＿＿＿＿＿＿＿＿＿＿＿＿＿＿＿○ 　　 □图2-25　接取废油　　　　　　　　□图2-26　放油螺栓
操作流程	□ 3．更换机油滤清器。（注⑤） □（1）用专用工具（机油滤清器套筒扳手）拆卸机油滤清器，如图2-27所示。 □（2）对新机油滤清器涂抹机油，如图2-28所示。 □（3）安装新的机油滤清器，如图2-29所示。 □（4）清洗螺栓，擦净机油滤清器接口处的油渍。   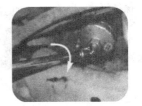 □图2-27　拆卸机油滤清器　□图2-28　涂抹机油　□图2-29　安装机油滤清器 **步骤二　加注新机油** □ 1．将举升机落下，轮胎离地5～10cm，使用漏斗加注机油（需要加注约3.6L），如图2-30所示。机油液位至标准位置（见图2-31）后，拧好机油加注口密封盖。 　 　　　　　　　　　　　　　　　　　　下刻线位置　　上刻线位置 □图2-30　加注机油　　　　　　□图2-31　检查机油液位

注④：部分4S店在排放机油时不拆卸放油螺栓，而是使吸油管从机油标尺导管进入，将发动机内的废机油抽出。
注⑤：1．选用合适的专用工具；2．密封圈必须涂上机油。

操作流程	□2．起动车辆，发动机怠速运转1min后，加速至2500r/min，保持1min左右，如图2-32所示。 □3．举升车辆，检查机油滤清器和油底壳螺栓处有无渗油、漏油的情况，如图2-33所示。    □图2-32　起动车辆　　　　　　　　　　□图2-33　检查螺栓处有无渗漏 □4．降下车辆，发动机熄火，3～5min后，检查机油液面高度是否达标。 **步骤三　保养里程或时间复位（手动复位和故障诊断仪复位任选其一）** □1．手动复位（不同车型方法不同，请查阅车辆的客户使用手册），如图2-34所示。 □2．故障诊断仪复位（可用专用故障诊断仪或通用型故障诊断仪），如图2-35所示。   □图2-34　手动复位　　　　　　　　　　□图2-35　故障诊断仪复位 **（二）注意事项** 1．用干净的毛巾覆盖机油加注口。 2．取下放油螺栓时要快，避免烫伤。 3．安装新的机油滤清器时，应使用机油滤清器套筒扳手，以避免损伤新机油滤清器。 4．检查放油螺栓及垫片可否继续使用。 **（三）技术要求** 1．机油滤清器用手拧紧再用套扳筒扳手拧紧3/4圈。 2．加注完新机油后起动发动机检查有无泄漏。 3．熄火后3～5min后检查机油液面高度。

验收	1．质检验收（一般项目）。		
	静态起动，听发动机声音是否正常。	是□	否□
	同客户试车，确认其是否有异议。	是□	否□
	与施工单对照，检查各项目是否完成。	是□	否□
	检查底盘是否正常。	是□	否□
	检查发动机舱是否正常。	是□	否□
	检查车内及车外灯光是否正常。	是□	否□
	检查车辆内饰件及内部操作功能是否正常。	是□	否□
	检查工具、设备是否落在车上。	是□	否□
	2．质检验收（重点项目）。		
	检查机油液位是否合适。	是□	否□
	检查机油滤清器接口处是否有泄漏。	是□	否□
	检查机油加注口密封盖是否拧好。	是□	否□
	检查放油螺栓是否按标准力矩拧紧。	是□	否□
	检查仪表板上是否有报警灯点亮。	是□	否□
	检查仪表板保养提示是否复位。	是□	否□

检查与评估		
6S管理规范 （教师点评）	□整理　□整顿　□清扫　□清洁　□素养　□安全	
成绩评定 （学生总结）	小组对本人的评定：□优 □良 □及格 □不及格 学生本次任务成绩：□优 □良 □及格 □不及格	

专业考核评分表——机油及机油滤清器更换

班级：		组别：	组长：	日期：			
技术标准：1. 机油滤清器更换流程及操作要求；2. 机油更换工具使用规范							
序号	作业项目	考核内容	考核标准	分值	扣分	得分	
1	准备环节	正确选用工具	选错1次扣1分	5			
2		正确使用工具	用错1次扣1分	5			
3	放旧油环节	机油检查	漏查1项扣2分	6			
4		打开机油加注口密封盖	不用毛巾盖住扣2分	5			
5		举升车辆及安全检查	漏查1项扣2分	4			
6		放置安全凳，规范使用集油器	不按要求操作扣2分	5			
7		拆卸放油螺栓放油	大量油液溅出扣3分，螺栓滑丝不得分	10			
8		检查放油螺栓及垫片，并装好放油螺栓	不检查不得分	5			
9		拆卸机油滤清器	不按流程操作扣3分	10			
10	加新油环节	安装新机油滤清器	不抹油扣3分，安装后不擦拭油渍扣3分	10			
11		加注新机油，清洁加注口	大量油液溅出扣3分，机油溢出扣3分	10			
12		运行发动机，检查是否漏油	不按标准操作扣3分	5			
13		补注机油，检查是否符合该车油量标准	液位不达标扣2分	5			
14		保养里程或时间复位	忘记操作不得分	5			
15		项目实训时间	0～16 min 10分 16～18 min 8分 18～20 min 5分 >20 min 0分	10			
质检员：		评分员：		合计得分			

教师点评：

团队合作：优秀□ 良好□ 及格□ 不及格□　　　　**分工明确**：优秀□ 良好□ 及格□ 不及格□

专业标准：优秀□ 良好□ 及格□ 不及格□　　　　**操作规范**：优秀□ 良好□ 及格□ 不及格□

教师签字：　　　　　　　　　　　　　　　　　　　　　　　年　　　月　　　日

注：实训未按规范操作，导致设备损坏或人身伤害，本次考核记0分。

实训项目三 冷却液

任务一 汽车冷却液认知

_____学时

班级：	组别：	姓名：	掌握程度：□优　□良　□及格 □不及格

一、工作任务

1．熟知冷却液的作用。

2．掌握冷却液的检查方法、判断标准。

3．掌握冷却液的产品特性。

4．明确汽车检测与维修技术的重要地位，激发家国情怀和使命担当。

二、项目认知

1．冷却液（也称防冻液）的作用

除了图3-1中所列的4个基本作用，冷却液还有哪些特殊作用？

_____

_____

2．冷却液的产品特性

冷却液的成分如图3-2所示。

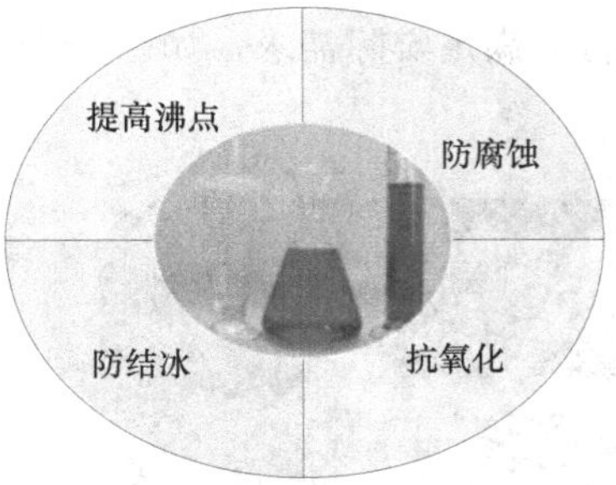

2%～7%添加剂（包含抑制剂、除泡沫剂、染料等）

45%～50%采用99.9999%的超纯水

45%～50%基础油（乙二醇或者丙二醇）

水质在冷却液保护冷却系统中起着重要的作用。如果使用的水中矿物质含量高，可能会导致冷却系统部件大面积的腐蚀和结垢。如果对当地水质不了解，可使用去离子水、蒸馏水或软水。

提高沸点　　防腐蚀

防结冰　　抗氧化

图 3-1　冷却液的作用 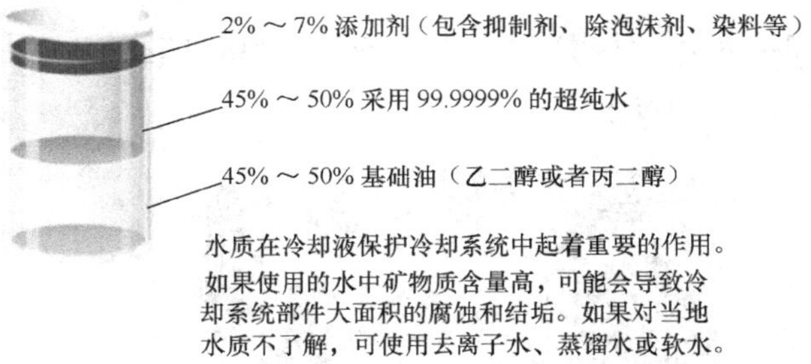　　　　　　图 3-2　某品牌冷却液成分分析图

（1）如图3-3（a）所示，该车长时间使用水作为冷却液，从而导致水管接头上凝结大量水碱并穿孔漏水，如使用冷却液可有效地避免此类情况发生，这反映了冷却液的_____性。

（2）如图3-3（b）所示，该车水道内充满铁锈、水垢，造成堵塞而引起水温升高，如使用冷却液则可避免此类情况，这反映了冷却液的_____性。

（3）冬天到来时，为防止发动机内部结冰，胀裂缸体、散热器等，而选择更换冰点更高的冷却液，这说明冷却液具有_____作用。冷却液的冰

点和沸点如表3-1所示。（注①）

（a）　　　　　　（b）

图3-3　水管接头和水道被腐蚀

表3-1　　　　　　　　　　　　冷却液的冰点和沸点

冷却液型号	25型	30型	35型	40型	45型	50型
冰点/℃	−25	−30	−35	−40	−45	−50
沸点/℃	106	106.5	107	107.5	108	108.5

3．冷却液的选用

冷却液的选用原则：_____

_____。

4．冷却液的检查方法和判断标准

（1）经验检测法：观察冷却液是否浑浊，有无_____气味。该方法只能判断液体是否变质，无法量化其性能。

（2）仪器检测法：使用pH试纸检测冷却液的_____性，如图3-4所示；使用冰点检测仪检测冷却液的_____是否能满足实际需求，如图3-5所示。（注②）

图3-4　pH试纸

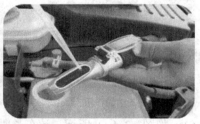
图3-5　冰点检测仪

5．冷却液引起的故障

冷却液变质或不使用冷却液，会出现哪些现象？并会造成哪些后果？

_____

_____

注①：由于特殊的无水冷却液不常见，故不做介绍，读者如有兴趣可自行查阅相关资料。

注②：为保证准确、全面地检测冷却液各项性能，最好使用pH试纸和冰点检测仪同时检测。

6. 冷却液的品牌

冷却液的品牌、系列产品有哪些？（写出不少于3个品牌或系列产品）

_____

_____

_____

·· □ 案例分享 □ ··

——————【故障现象】——————

一辆2010年产长安福特嘉年华自动挡轿车，发动机排量1.5L，行驶里程约8万千米。车主自己更换完冷却液后，车辆行驶时，出现高温"开锅"（发动机的工作温度超出正常范围）现象。

——————【故障诊断】——————

维修人员检查冷却液液面位置，发现冷却液不足。

维修人员给车辆加满冷却液，起动车辆，发动机运转正常，检查节温器是否打开，散热风扇是否工作。

发动机冷却液温度超过正常温度（95℃）后，散热风扇开始工作，节温器正常开启，但维修人员发现风扇吹出来的居然是冷风。

此时发动机高温的原因算是找到了，即散热器（俗称水箱）不散热。

为什么散热风扇吹出来的是冷风呢？

1. 是发动机水道或水箱堵塞吗？由于此问题发生在更换冷却液之后，之前一切正常，所以可以排除这种可能。

2. 是水泵叶轮损坏导致冷却液不流通吗？根据故障发生的时间，这个问题也可以排除。

3. 是冷却系统内有空气导致的吗？

经询问，车主自己更换冷却液时没有排除冷却系统中的空气。

——————【故障排除】——————

排除冷却系统的空气，添加冷却液，装复试车，故障排除。

——————【故障原因】——————

出现这种情况（发动机温度高），显然是冷却液不流通导致的，所以可能的故障原因有以下几方面。

1. 散热器堵塞。

2. 水泵叶轮损坏导致冷却液不流通。

3. 冷却系统内有空气。

4. 节温器无法正常打开。

━━━━━━━● 【案例总结】 ●━━━━━━━

　　导致冷却液温度高的原因多种多样，上述几种故障原因即已概括。在日常用车过程中，我们一定要重视冷却液温度问题，平时多留意冷却液温度表、多检查冷却液存量。炎热的夏季正是冷却液温度过高故障多发的季节，行驶过程中若遇上车辆"开锅"，我们也不要过度慌张，可咨询有经验者或请求求援。在查明原因之前，不宜继续行驶，需冷静对待才能避免故障的进一步恶化。

任务二 冷却液检查与更换

_____学时

班级：	组别：	姓名：	掌握程度：□优 □良 □及格 □不及格
实训目的	根据"任务二"的需求，能够掌握冷却液的检查与更换方法。		
安全注意事项	注意个人及设备安全，规范操作。		
实训器材	整车（如卡罗拉）、世达工具、冷却液、冰点检测仪、整车防护七件套、pH试纸、毛巾、集油器等。		
教学组织	每辆车按6位学员（组长1人、主修1人、辅修1人、观察员1人、评分1人、质检1人）作业，循环操作。		

操作步骤演示

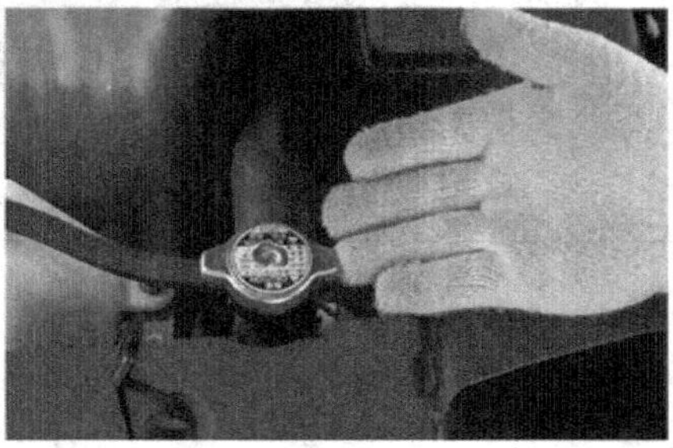

微课

冷却液检查与更换

任务	作业记录内容 ☑正确 ☒错误
前期准备	□ 1．护具——整车防护七件套（前翼子板垫/左右翼子板垫/脚垫/转向盘套/座椅套/变速器操作杆套），如图3-6和图3-7所示。（注③）  前翼子板垫　左右翼子板垫 □图3-6 车外三件套 转向盘套　座椅套　脚垫　变速器操作杆套 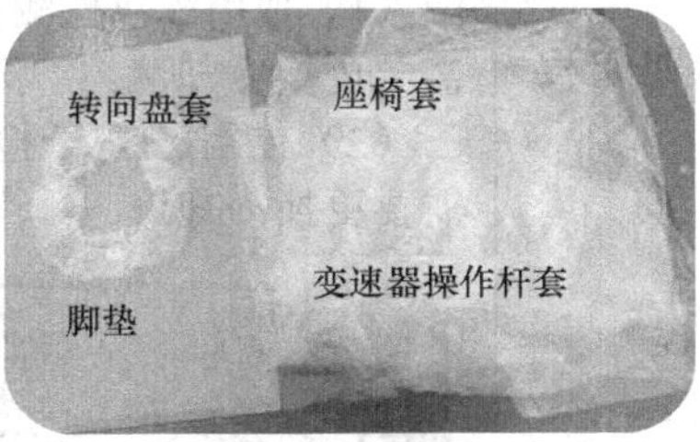 □图3-7 车内四件套 □ 2．工具、耗材——整车、世达工具（见图3-8）、冷却液（见图3-9）、冰点检测仪（见图3-10）、pH试纸、毛巾、集油器等。

注③：准备工作一定注意四到位。1．防护到位；2．工具到位；3．设备到位；4．耗材到位。

前期准备	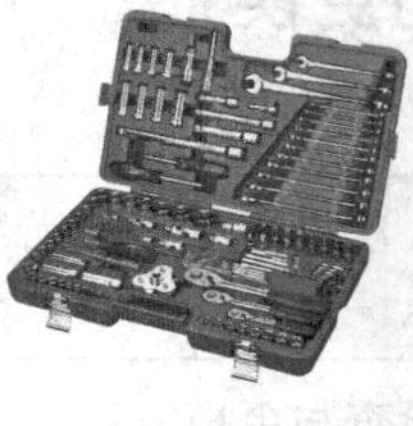  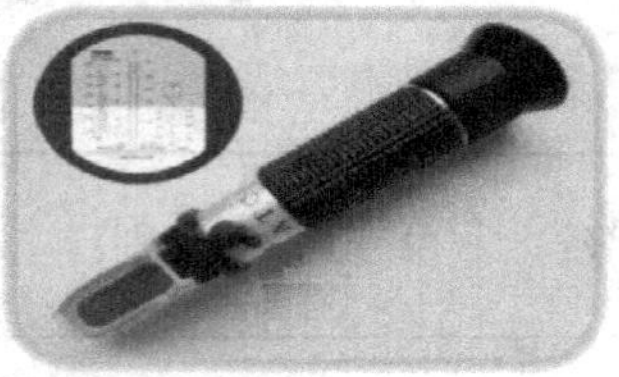 □图 3-8　世达工具　　□图 3-9　冷却液　　□图 3-10　冰点检测仪
安全检查	□检查车辆驻车制动器是否拉起及变速杆是否处于空挡。 □检查实训台架及周围是否安全。 □举升车辆10～20cm，检查举升机支点位置。 □举升车辆时，检查举升机举升过程。（注④）
防护工作	防护工作的操作步骤如图3-11～图3-13所示。    □图 3-11　人身防护　　□图 3-12　车身防护　　□图 3-13　车内防护
操作流程	（一）操作步骤 步骤一　冷却液检查 □ 1．冷却液液位检查。检查冷却液液位，判断冷却液损耗情况，如图3-14所示。检测结果：液位是□　否□　符合标准。 　　冷却液不足的原因有哪些？ _____ □ 2．冷却液品质检查。 □（1）使用冰点检测仪检测冷却液冰点，如图3-15所示。检测结果：是□　否□需要更换冷却液。 □（2）使用pH试纸检测冷却液酸碱性，如图3-16所示。检测结果：是□　否□需要更换冷却液。 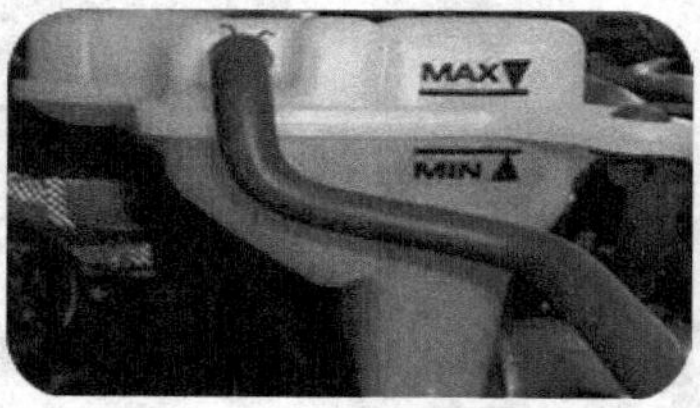 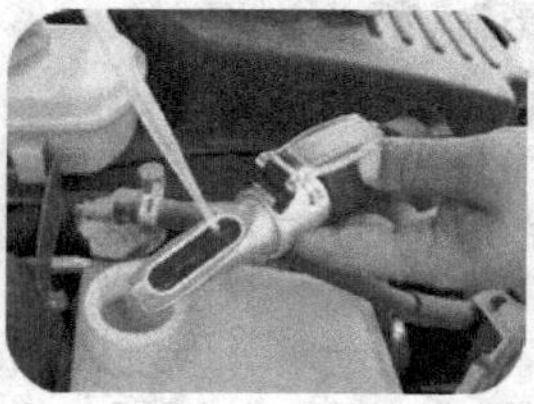 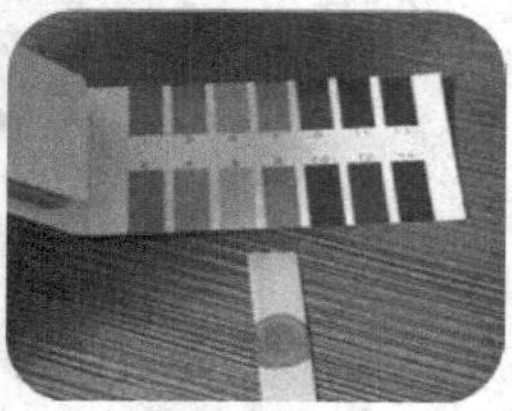 □图 3-14　冷却液液位检查　　□图 3-15　冰点检测仪　　□图 3-16　pH试纸

注④：举升过程中若有异常或异响，应立刻停止当前作业并及时和老师联系，不得擅自处理。

操作流程

□（3）检查冷却液有无浑浊现象、刺激性气味，如图3-17所示。检测结果：是□ 否□ 需要更换冷却液。

散热器加注口

□图 3-17 品质检查

步骤二 冷却液更换

□1．冷却液排放作业。

□（1）打开散热器盖，如图3-18所示。（注⑤）

□（2）检查散热器盖密封圈是否正常，如图3-19所示。检测结果：是□ 否□ 需要更换散热器盖。

□图 3-18 打开散热器盖

□图 3-19 散热器盖密封圈检查

□（3）使用毛巾盖住散热器加注口。

□（4）找到散热器放水螺栓或下水管卡箍的位置，如图3-20和图3-21所示。

□（5）确定好是拆放水螺栓还是下水管。检测结果：是□ 否□ 需要举升车辆。

□图 3-20 放水螺栓

□图 3-21 下水管卡箍

注⑤：1．若发动机温度较高，打开散热器盖时，用对折的毛巾包裹住散热器盖，以防烫伤；2．用毛巾包裹住散热器盖后，打开散热器盖时，应先开45°，泄掉系统内压力，防止高温液体喷出伤人。

操作流程

□（6）举升车辆，拆卸发动机底部隔音护板，如图3-22所示。

□（7）拧下放水螺栓，用集油器接下水管口的废液，如图3-23所示。

□图3-22　隔音护板　　　　　　　　□图3-23　下水管口

□（8）检查放水螺栓密封圈，如图3-24所示。检测结果：是□　否□　需要更换密封圈。

密封圈

□图3-24　放水螺栓密封圈

□（9）装好放水螺栓，降下车辆。

□ 2．冷却液加注作业。

□（1）检查车辆冷却系统是否有排气阀。

□（2）向储液罐内加注冷却液，缓慢加至最大刻度线。（注⑥）

□（3）起动发动机，直至发动机冷却液保持正常温度（见图3-25），大循环开启，风扇转动正常。观察储液罐内冷却液液位，如液位下降则需补充，直至储液罐内无气泡产生且液面稳定。

□（4）拧紧储液罐盖，保持发动机工作，检查有无漏液情况。

□（5）发动机熄火，再次检查冷却液液位。检测结果：是□　否□　需要添加冷却液。

　　为什么熄火后需要再次检查冷却液液位？什么是冷却系统的大、小循环？大、小循环有什么关系？

_____

_____

注⑥：1. 无排气阀的冷却系统在加注冷却液时需按压各水管，消除气阻，防止发动机温度过高；2. 发动机高温时不可直接向系统内添加冷却液，应等机体冷却后再加入，防止机体产生水蒸气伤人。

操作流程	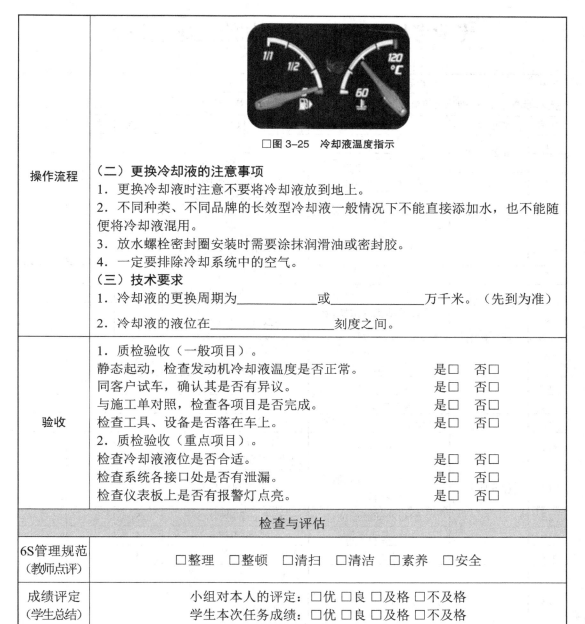 □图3-25　冷却液温度指示 **（二）更换冷却液的注意事项** 1．更换冷却液时注意不要将冷却液放到地上。 2．不同种类、不同品牌的长效型冷却液一般情况下不能直接添加水，也不能随便将冷却液混用。 3．放水螺栓密封圈安装时需要涂抹润滑油或密封胶。 4．一定要排除冷却系统中的空气。 **（三）技术要求** 1．冷却液的更换周期为＿＿＿＿＿＿＿＿或＿＿＿＿＿＿＿＿＿万千米。（先到为准） 2．冷却液的液位在＿＿＿＿＿＿＿＿＿＿＿刻度之间。
验收	1．质检验收（一般项目）。 静态起动，检查发动机冷却液温度是否正常。　　　　是□　　否□ 同客户试车，确认其是否有异议。　　　　　　　　是□　　否□ 与施工单对照，检查各项目是否完成。　　　　　　是□　　否□ 检查工具、设备是否落在车上。　　　　　　　　　是□　　否□ 2．质检验收（重点项目）。 检查冷却液液位是否合适。　　　　　　　　　　　是□　　否□ 检查系统各接口处是否有泄漏。　　　　　　　　　是□　　否□ 检查仪表板上是否有报警灯点亮。　　　　　　　　是□　　否□
检查与评估	
6S管理规范 （教师点评）	□整理　　□整顿　　□清扫　　□清洁　　□素养　　□安全
成绩评定 （学生总结）	小组对本人的评定：□优 □良 □及格 □不及格 学生本次任务成绩：□优 □良 □及格 □不及格

汽车快修快保实训工单（AR版）

专业考核评分表——冷却液检查与更换

班级：		组别：	组长：		日期：		
技术标准：1. 冷却液更换流程及操作要求；2. 冷却系统各部件位置							
序号	作业项目	考核内容	考核标准	分值	扣分	得分	
1	准备环节	正确选用工具/量具	选错1次扣1分	5			
2		正确使用工具/量具	用错1次扣1分	5			
3	检查环节	检查冷却液液位	无法正确判断不得分	5			
4		检查管路是否泄漏	无法找到正确检查位置不得分	5			
5		检查冷却液品质	无法正确判断扣5分，不按要求使用仪器扣5分	8			
6	放液环节	打开加注盖	不用毛巾盖住扣3分	4			
7		举升汽车及安全检查	少1项不得分	5			
8		拆卸发动机放水螺栓（或下水管）	不按规范操作扣2分	4			
9		放出冷却液，规范使用集油器	无法正确操作扣3分，大量溅出冷却液扣3分	8			
10		检查密封圈	忘记不得分	4			
11		装复放水螺栓	不按规范操作扣2分	4			
12	加液环节	检查车辆是否有排气阀	忘记不得分	4			
13		加注冷却液	大量溅出冷却液扣3分，未加注至正确位置扣4分	8			
14		起动发动机，直到散热风扇转动	未做到扣4分	4			
15		检查冷却液液位	无法正确判断扣5分	5			
16		检查是否漏液	忘记不得分	4			
17		检查收尾	未再次检查液位扣8分	8			
18		项目实训时间	0～16 min　　10分 16～18 min　　8分 18～20 min　　5分 ＞20 min　　0分	10			
质检员：		评分员：			合计得分		

教师点评：

团队合作： 优秀□ 良好□ 及格□ 不及格□　　　　**分工明确：** 优秀□ 良好□ 及格□ 不及格□

专业标准： 优秀□ 良好□ 及格□ 不及格□　　　　**操作规范：** 优秀□ 良好□ 及格□ 不及格□

教师签字：		年　　月　　日

注：实训未按规范操作，导致设备损坏或人身伤害，本次考核记0分。

实训项目四　燃油滤清器

任务一　燃油滤清器认知

_____学时

班级：	组别：	姓名：	掌握程度：□优　□良　□及格 □不及格

一、工作任务

1．熟知燃油滤清器的作用和分类。

2．掌握燃油滤清器的更换周期。

3．掌握燃油滤清器的检查方法。

4．了解燃油滤清器故障会对发动机产生的影响。

5．培养诚信、科学、严谨的工作态度和精益求精的精神。

二、项目认知

1．燃油滤清器的作用与结构

燃油滤清器的作用是将_____输送过来的燃油中的杂质过滤掉，防止堵塞_____

_____而引起汽车的功能性故障。燃油滤清器的内部结构如图4-1所示。

2．燃油滤清器的分类与安装位置

（1）补全图4-2和图4-3的图题。

（2）图4-2所示的箭头表示什么含义？与箭头同方向的一端连接什么？另一端连接什么？

_____

_____

（3）哪些品牌车型使用内置式燃油滤清器？它安装在什么位置？

_____

_____

（4）哪些品牌车型使用外置式燃油滤清器？它安装在什么位置？

_____

_____

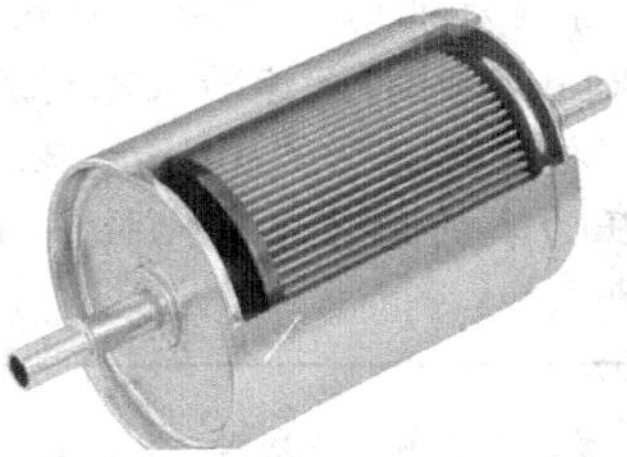

图 4-1　燃油滤清器内部结构 　　　图 4-2　_____式燃油滤清器 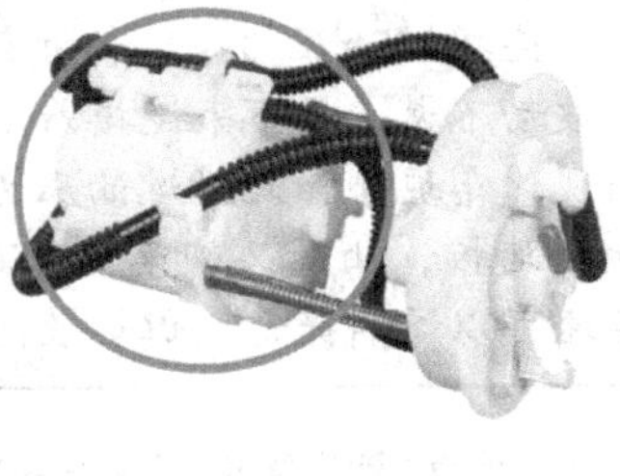　　　图 4-3　_____式燃油滤清器

3．燃油滤清器的更换周期和检查方法

（1）更换周期。（注①）

外置式燃油滤清器更换周期是_____万千米。

内置式燃油滤清器更换周期是_____万千米。

（2）检查方法。封住燃油滤清器两端接口，用力

摇晃，从燃油进口处倒出燃油，观察是否有_____

_____等，如图4-4所示。

4．燃油滤清器引起的故障

燃油滤清器堵塞和过脏分别会造成什么影响？

_____

_____

图4-4　燃油滤清器检查

_____

5．燃油滤清器的类型

不同品牌汽车的燃油滤清器类型有哪些？（列举类型不少于4个）

_____

_____

··· □ 案例分享 □ ···

━━◆━━【故障现象】━━◆━━

一辆丰田轿车，行驶里程约2.7万千米，用户反映该车行驶时加速无力，就算将加速踏板踩到底，最高速度也只有50 km/h左右，伴随着耸车（顿挫）、发动机"放炮"（发出爆炸声）、喘振。

━━◆━━【故障诊断】━━◆━━

首先连接故障诊断仪，读取故障码并查看数据流。该车无故障码，数据流正常。

检查进气系统，空气滤清器滤芯有点脏但还不至于堵塞，各软管接口正常，系统也无漏气。

检查空气流量计的电压，正常。拆下空气流量计检查，热线电阻表面也无脏污。

检查火花塞，正常。替换正常车辆的点火线圈，试车，故障依旧。

连接燃油压力表，检测到怠速时的油压为350kPa，正常，原地加油时，燃油压力表指针波动不大。接下来连接着燃油压力表进行路试，在车速达到40km/h时将加速踏板踩到底，出现耸车现象，此时燃油压力表的读数逐渐降低，最终变为0，发动机出现严重抖动。松开加速踏板，油压又恢复到350kPa左右。如果缓慢加速，燃油压力表的读数下降比较缓慢，车速可以逐渐提升，但是最高只可达到50km/h左右。

注①：燃油滤清器使用到更换周期后无须检查，直接更换。当汽车出现故障，需要确定燃油滤清器到底是否堵塞时，才会去检查它。

　　这可能是燃油泵或燃油滤清器堵塞了，拆下燃油泵进行检查（见图4-5），发现燃油滤清器（该车燃油滤清器和燃油泵为一体）已经变为黑色，从中倒出的汽油含有很多黑色凝胶状杂质。询问车主得知该车曾在不正规的加油站加油，可能是油质不佳导致的故障。

图4-5　燃油泵

● ━━━━━━　【故障排除】　━━━━━━ ●

　　更换燃油泵总成（燃油滤清器与其为一体），清洗燃油箱、燃油管路及喷油器之后进行试车，车辆动力充足，故障排除。

● ━━━━━━　【故障原因】　━━━━━━ ●

　　该车在急加速时供油压力急剧增大（吸力大），胶质物瞬间堵住了燃油泵的燃油滤清器，造成供油不足，而在缓慢加速时供油压力要小得多（吸力小），污物是逐渐堵塞燃油滤清器的，所以此时车辆还可以缓慢提升速度。

● ━━━━━━　【案例总结】　━━━━━━ ●

　　燃油滤清器是耗材，在车辆使用过程中，需要定期地维护或更换，否则会起不到过滤和保护作用。具体的更换周期请参见各个燃油滤清器供应商提供的产品上的说明。

任务二　燃油滤清器更换

_____学时

班级：	组别：	姓名：	掌握程度：□优　□良　□及格 □不及格
实训目的	根据"任务二"的需求，能够掌握更换燃油（汽油）滤清器的操作步骤及注意事项。		
安全注意事项	注意个人及设备安全，规范操作。		
实训器材	整车（如奇瑞A5）、世达工具、燃油泵拆装工具、油盆、燃油滤清器、毛巾、整车防护七件套等。		
教学组织	每辆车按6位学员（组长1人、主修1人、辅修1人、观察员1人、评分1人、质检1人）作业，循环操作。		

操作步骤演示	 微课 燃油滤清器更换

任务	作业记录内容　☑正确　☒错误
前期准备	□ 1. 护具——整车防护七件套（前翼子板垫/左右翼子板垫/脚垫/转向盘套/座椅套/变速器操作杆套），如图4-6和图4-7所示。（注②）  前翼子板垫　左右翼子板垫 转向盘套　座椅套　脚垫　变速器操作杆套 □图4-6　车外三件套 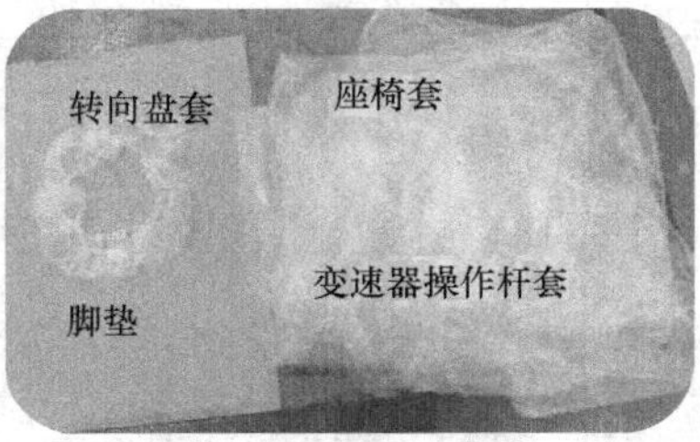　　□图4-7　车内四件套 □2. 工具与耗材——整车、世达工具（见图4-8）、燃油滤清器（见图4-9）、燃油泵拆装工具（见图4-10）、油盆（见图4-11）、毛巾等。

注②：准备工作一定注意四到位。1. 防护到位；2. 工具到位；3. 设备到位；4. 耗材到位。

前期准备	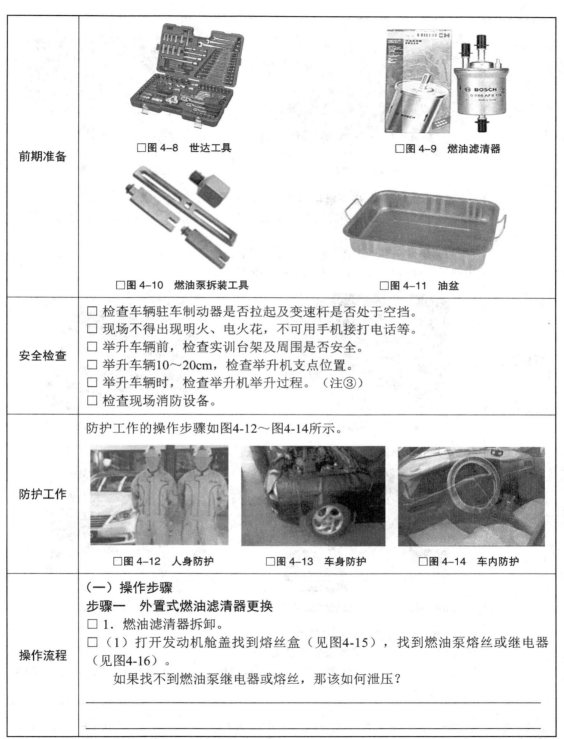　□图4-8　世达工具　　　　　□图4-9　燃油滤清器 □图4-10　燃油泵拆装工具　　　　□图4-11　油盆
安全检查	□ 检查车辆驻车制动器是否拉起及变速杆是否处于空挡。 □ 现场不得出现明火、电火花，不可用手机接打电话等。 □ 举升车辆前，检查实训台架及周围是否安全。 □ 举升车辆10~20cm，检查举升机支点位置。 □ 举升车辆时，检查举升机举升过程。（注③） □ 检查现场消防设备。
防护工作	防护工作的操作步骤如图4-12~图4-14所示。 □图4-12　人身防护　　□图4-13　车身防护　　□图4-14　车内防护
操作流程	（一）操作步骤 步骤一　外置式燃油滤清器更换 □ 1. 燃油滤清器拆卸。 □ （1）打开发动机舱盖找到熔丝盒（见图4-15），找到燃油泵熔丝或继电器（见图4-16）。 　　如果找不到燃油泵继电器或熔丝，那该如何泄压？ _____ _____

注③：举升过程中若有异常或异响，应立刻停止当前作业并及时和老师联系，不得擅自处理。

□图4-15　熔丝盒　　　　　　　　　　　　□图4-16　继电器

□（2）起动车辆，拔下继电器直到发动机熄火，再起动几次，完成泄压。

□（3）确定燃油滤清器的位置，如图4-17所示。结果：燃油滤清器　是□　否□　在油箱内。（注④）

□（4）举升车辆（见图4-18），拆卸燃油滤清器油管和固定螺栓（见图4-19），用油盆接好残存的汽油，用毛巾将周围擦拭干净。

操作流程

□图4-17　燃油滤清器位置　　　　　　　　□图4-18　举升车辆

□（5）取下燃油滤清器，如图4-20所示。

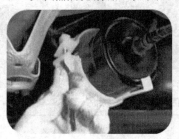

□图4-19　拆下燃油滤清器固定螺栓　　　　□图4-20　取下燃油滤清器

□ 2. 燃油滤清器的安装及检查。

□（1）对比新、旧燃油滤清器是否一致。

□（2）安装新的燃油滤清器，如图4-21所示。检测结果：安装方向　是□　否□　正确。

注④：内置式燃油滤清器在换件时需要拆卸燃油泵甚至是油箱。内置式燃油滤清器使用寿命在9万千米左右，具体的更换时间以检查结果为准。外置式燃油滤清器的拆卸则简单得多，同时使用寿命也短，4万千米左右就需更换，具体的更换时间以检查结果为准。

（3）全部装复后试车，检查燃油滤清器密封情况，如图4-22所示。检测结果：
是□　否□　需要修复。

□图 4-21　正确安装

□图 4-22　密封检查

步骤二　内置式燃油滤清器更换

□1. 找到并打开熔丝盒，找到燃油泵熔丝或继电器。

□2. 起动车辆，拔下熔丝直到发动机自动熄火，再起动几次，完成泄压。

□3. 确定燃油泵的位置，如图4-23所示。（注⑤）

□4. 取下后排座椅及燃油泵盖板，拆卸插头、油管，如图4-24所示。

□5. 使用燃油泵拆装工具拆卸燃油泵盖圈。

□图 4-23　燃油泵位置

□图 4-24　拆卸燃油泵

□6. 取下燃油泵，然后用毛巾盖住油箱孔。

□7. 将燃油泵放入油盆内分解，并取下燃油滤清器，如图4-25所示。

□图 4-25　燃油泵的分解

注⑤：内置式燃油滤清器是集成在燃油泵总成上的，拆卸燃油滤清器就必须得拆燃油泵。拆卸燃油泵只能从3个位置中的一个开始，分别是后排座椅下、行李箱内、油箱处。采用内置式燃油滤清器的车辆其燃油泵放置需考虑后续保养的需要，故大都在后排座椅或行李箱内。

操作流程

操作流程	□8．安装新的燃油滤清器。 □9．全部装复后试车，检查密封情况。检查结果：是□ 否□ 有泄漏情况。 □10．检查燃油表显示是否正常。检查结果：是□ 否□ 需要重新安装。 **（二）注意事项** 1．拆卸燃油滤清器时要避免油液溅到眼睛里或洒到地上。 2．注意燃油滤清器的方向。 3．取内置式燃油泵时注意不要损坏油浮（燃油液位传感器）。 4．严禁明火、电火花的产生。 5．禁止使用白炽灯，如需照明请使用冷光灯。（注⑥） 6．不得在现场接打无线电话。 7．注意6S操作标准。 8．现场必须要有灭火器。 9．拆卸燃油滤清器的接头时应使用巧劲，不可生拉硬撬。 10．安装插头时，由于插头内有密封圈故需要涂抹润滑油。
验收	1．质检验收（一般项目）。 同客户试车，确认其是否有异议。 是□ 否□ 与施工单对照检查各项目是否完成。 是□ 否□ 检查燃油滤清器滤芯接口处是否密封良好。 是□ 否□ 检查燃油泵固定螺栓是否紧固。 是□ 否□ 检查工具、设备是否落在车上。 是□ 否□ 2．质检验收（重点项目）。 检查燃油滤清器滤芯接口处是否漏油。 是□ 否□ 检查燃油泵固定螺栓是否拧得平整到位。 是□ 否□ 检查燃油泵固定螺栓是否按标准力矩拧紧。 是□ 否□ 检查燃油压力表显示是否正常。 是□ 否□

检查与评估	
6S管理规范 （教师点评）	□整理 □整顿 □清扫 □清洁 □素养 □安全
成绩评定 （学生总结）	小组对本人的评定：□优 □良 □及格 □不及格 学生本次任务成绩：□优 □良 □及格 □不及格

注⑥：冷光灯在发光时其光的颜色类似于日光灯的白色，且产生很低的温度，如LED照明灯。而白炽灯发出的光同太阳光类似，且能产生很高的温度，家中的浴霸就是白炽灯，所以在狭小的车内拆燃油泵时使用白炽灯照明有点燃燃油箱的风险。

专业考核评分表——燃油滤清器（外置式）更换

班级：		组别：		组长：		日期：	

技术标准：1. 更换燃油滤清器的流程及操作要求；2. 拆装燃油滤清器的工具使用规范

序号	作业项目	考核内容	考核标准	分值	扣分	得分
1	准备环节	正确选用工具	选错1次扣1分	5		
2		正确使用工具	用错1次扣1分	5		
3	拆卸环节	起动发动机，对燃油管道实施泄压	无法正确找到燃油继电器位置扣4分，无法正确完成泄压操作扣4分	10		
4		找到燃油滤清器位置	无法正确找到不得分	8		
5		举升车辆及安全检查	不按规范操作扣3分	7		
6		拆除燃油滤清器	大量漏油扣4分	15		
7	安装环节	对比新旧燃油滤清器是否一致	忘记不得分，无法正确判断扣3分	7		
8		安装新燃油滤清器	无法安装到位和安装方向不正确扣10分	15		
9		起动发动机，测试是否修复	忘记不得分	8		
10		检查车辆是否有泄漏	忘记不得分，无法正确找到检查位置扣3分	10		
11	项目实训时间		0～10 min 10分 10～12 min 8分 12～14 min 5分 >14 min 0分	10		
质检员：		评分员：			合计得分		

教师点评：

团队合作：优秀□ 良好□ 及格□ 不及格□　　　**分工明确**：优秀□ 良好□ 及格□ 不及格□

专业标准：优秀□ 良好□ 及格□ 不及格□　　　**操作规范**：优秀□ 良好□ 及格□ 不及格□

教师签字：		年　　月　　日

注：实训未按规范操作，导致设备损坏或人身伤害，本次考核记0分。

实训项目五 进气系统

任务一 进气系统免拆清洗认知

_____学时

班级：	组别：	姓名：	掌握程度：□优　□良　□及格 □不及格

一、工作任务

1. 了解进气系统免拆清洗的设备、产品。
2. 熟知进气系统清洗的周期。
3. 熟知进气系统清洗的必要性。
4. 培养职业规范意识，严格遵守设备操作规程。

二、项目认知

1. 进气系统的清洗

（1）清洗的对象。进气系统的清洗对象主要是积炭。积炭是_____
_____，如图5-1所示。

（2）积炭的负面影响。积炭附着在进气道、进气门上，大量吸收雾化而出的燃油、汽化的机油、进入发动机的灰尘，积炭也会越来越厚，从而堵塞进气道，这会导致气缸内的最高气压下降，也就是_____下降。

积炭会吸附燃油，使燃油的消耗增大，也会使气门散热不良，使气门烧损，降低气缸密封性，从而造成_____，严重时可能造成自燃。清除进气系统中的积炭，可提高发动机的进气效率，降低油耗、磨损，如图5-2所示。

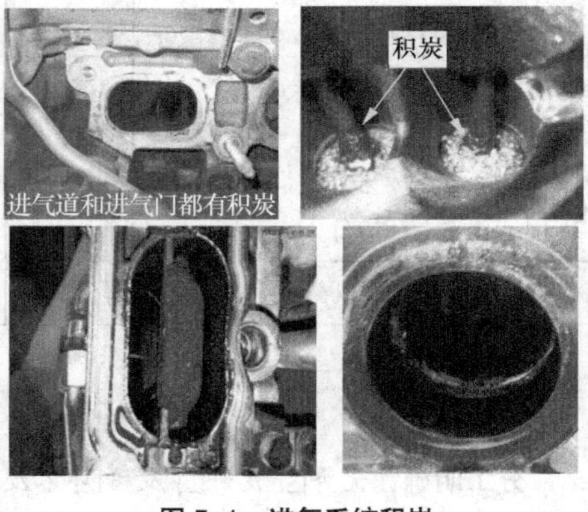

图 5-1　进气系统积炭

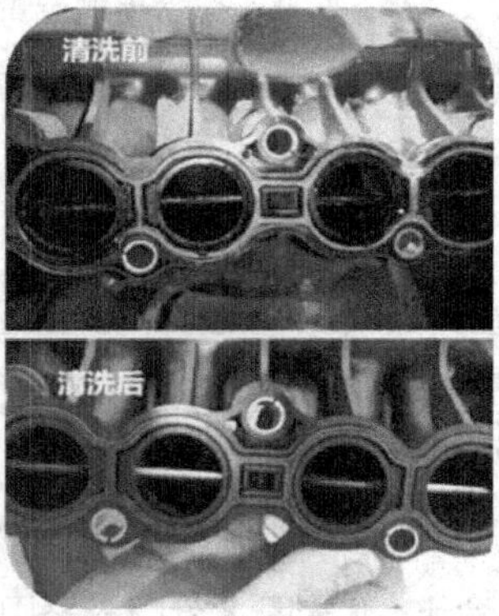

图 5-2　进气系统清洗前后对比

观察实训车辆，如何检查它的进气系统是否有积炭？

_____

_____

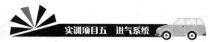

（3）进气系统清洗的周期。厂家通常没有规定清洗积炭的周期，一般建议是汽车行驶4万千米左右就清洗一次。要根据积炭情况来定，积炭是由机油蒸气和灰尘结合产生的，新车和旧车产生的机油蒸气及燃烧效率是不一样的，所以它们产生的积炭也是不一样的。由此可知进气系统清洗周期也是可以变化的，以________________为准。

2．积炭清洗设备与产品

常用的积炭清洗设备和产品如图5-3和图5-4所示。查询资料，列举其他积炭清洗设备和产品：____。

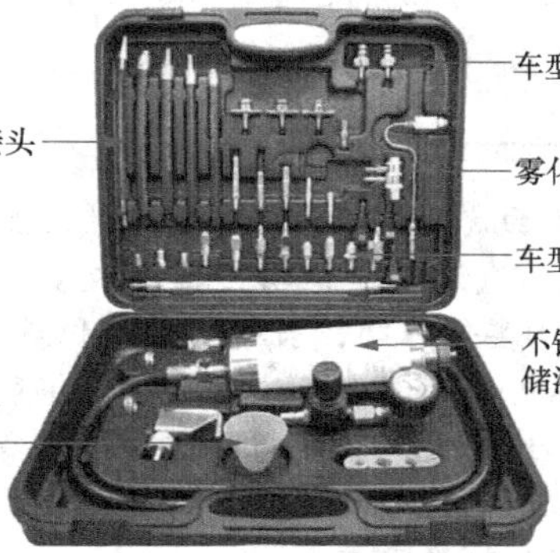
车型接头
软管接头
雾化喷头
车型接头
不锈钢
储液罐
漏斗

图 5-3　积炭清洗设备（免拆清洗设备）

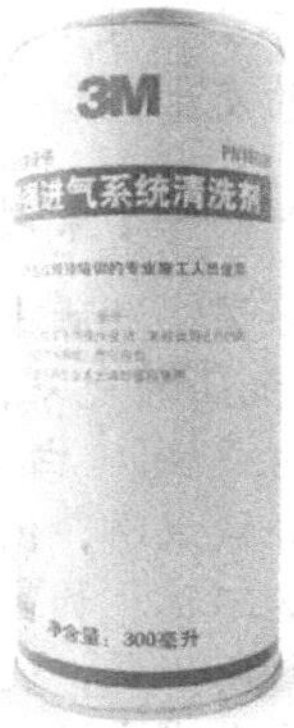
3M
进气系统清洗剂
净含量：300毫升

【产品品牌】：3M
【产品名称】：超强进气系统清洗剂
【产品型号】：PN18088
【净含量】：300mL
【保质期】：2 年
【主要功能】：清除进气道残留物，改善发动机无力的情况；增加进气系统运转的顺畅性，恢复进气流量；减少发动机抖动及怠速不稳的情况

图 5-4　积炭清洗产品

3．拆卸清洗和免拆清洗的特点

进气系统拆卸清洗和免拆清洗各有什么优缺点？

____

____

□ 案例分享 □

【故障现象】

一辆大众捷达轿车，行驶里程 1.5 万千米，发生冷车不易起动且起动后怠速不稳的故障。维修人员对该车进行了程序升级，故障暂时消失，几天后故障又出现。

【故障诊断】

仔细询问客户车辆购买时间、车辆使用条件、是否到正规加油站加油、驾驶习惯及风格等，得到如下信息：车辆购买 1 年半，行驶了 1.5 万千米，平均每天不到 30km，很少长途旅行，一般车速 50 ～ 60 迈（80.4672 ～ 96.5606km/h）。

查看进气管及节气门，发现积炭非常多。此时建议车主做进气系统免拆清洗项目，再拉高速（新车过了磨合期要到高速路高速行驶一段距离，简称拉高速）。

————————● 【故障排除】 ●————————

做完进气系统免拆清洗后上高速路行驶了 50km，第二天，冷车起动顺利，怠速正常。

————————● 【故障原因】 ●————————

1. 积炭的危害很大，它吸附冷车起动时喷射的燃油，造成冷车时混合气过稀，发动机不易起动和起动后怠速不稳等故障。

2. 积炭大多在起动后的冷车阶段或怠速及小负荷工况时形成，此车所在地是北方，客户上、下班路程单程十几千米，发动机工作多数处于冷车阶段，加上小负荷工作，积炭的产生一定在所难免。

这就是此车才行驶 1.5 万千米积炭就过多的原因。一般的车辆在冷车后进行高速行驶，会将刚刚形成的积炭烧掉，一般不会产生积炭，像此车这种情况需定期上高速路行驶一次，以增强发动机的性能，减少故障的发生。

————————● 【案例总结】 ●————————

车主长期不注意油品和驾驶习惯，汽油中的蜡和胶质物就越积越厚，反复受热后变硬就形成了积炭。如果发动机出现烧机油的现象，或是加注的汽油质量低劣，杂质较多，那么气门积炭就更严重且形成的速度也更快。 由于积炭的结构类似海绵，当气门形成积炭以后，每次喷入气缸的燃油就会有一部分被吸附，使得真正进入气缸的混合气浓度变稀，导致发动机工作不良，出现起动困难、怠速不稳、加速不良、急加速回火、尾气超标、油耗增多等异常现象。如果再严重会造成气门封闭不严，使缸内没有缸压而使气缸彻底不工作，甚至粘连气门使之不回位。此时气门与活塞会产生运动干涉，最终损坏发动机。

任务二　进气系统免拆清洗

_____学时

班级：	组别：	姓名：	掌握程度：□优　□良　□及格 □不及格
实训目的	根据"任务二"的需求，能够掌握进气系统免拆清洗的操作步骤及注意事项。			
安全注意事项	注意个人及设备安全，规范操作。			
实训器材	整车（如卡罗拉）、空气压缩机、世达工具、免拆清洗设备、清洗液、毛巾、整车防护七件套、气枪等。			
教学组织	每辆车按6位学员（组长1人、主修1人、辅修1人、观察员1人、评分1人、质检1人）作业，循环操作。			

操作步骤演示	 微课 进气系统免拆清洗

任务	作业记录内容　☑正确　☒错误
前期准备	□1．护具——整车防护七件套（前翼子板垫/左右翼子板垫/脚垫/转向盘套/座椅套/变速器操作杆套），如图5-5和图5-6所示。（注①）  前翼子板垫　左右翼子板垫　转向盘套　座椅套　脚垫　变速器操作杆套 □图5-5　车外三件套 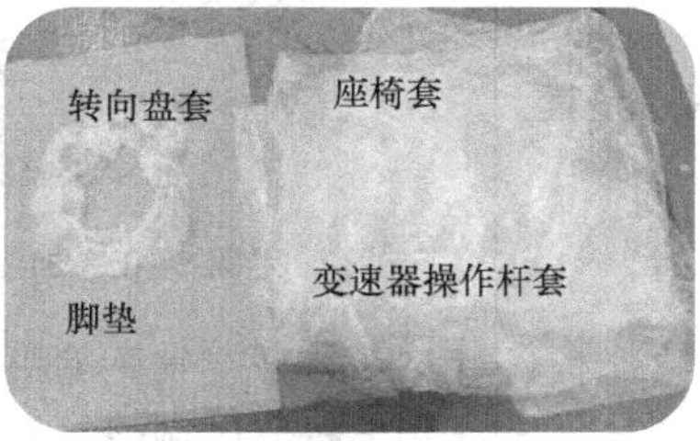　　　□图5-6　车内四件套 □2．工具与耗材——整车、空气压缩机、世达工具（见图5-7）、免拆清洗设备（见图5-8）、清洗液（见图5-9）、毛巾、气枪等。

注①：准备工作一定注意四到位. 1. 防护到位；2. 工具到位；3. 设备到位；4. 耗材到位.

前期准备	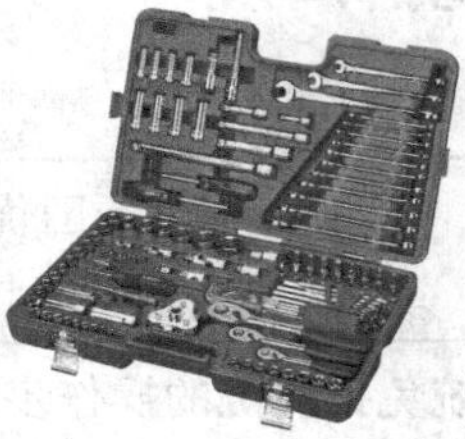 □图5-7　世达工具 　　　□图5-8　免拆清洗设备（吊瓶） 　　□图5-9　清洗液
安全检查	□检查车辆驻车制动器是否拉起及变速杆是否处于空挡。 □检查实训台架及周围是否安全。 □检查现场消防设备。
防护工作	防护工作的操作步骤如图5-10～图5-12所示。  □图5-10　人身防护 　　　□图5-11　车身防护 　　　□图5-12　车内防护
操作流程	**（一）进气系统免拆清洗作业操作步骤** □1．对发动机进行预热，即起动发动机，待其升至正常温度后熄火。（注②） □2．将清洗液倒入吊瓶内，拧紧瓶口，如图5-13所示。 □3．拆卸并检查进气总管。 □4．安装免拆清洗设备喷雾头，如图5-14所示。 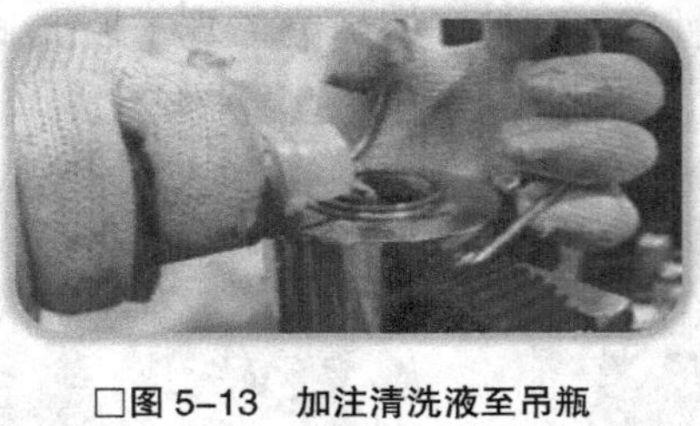 □图5-13　加注清洗液至吊瓶 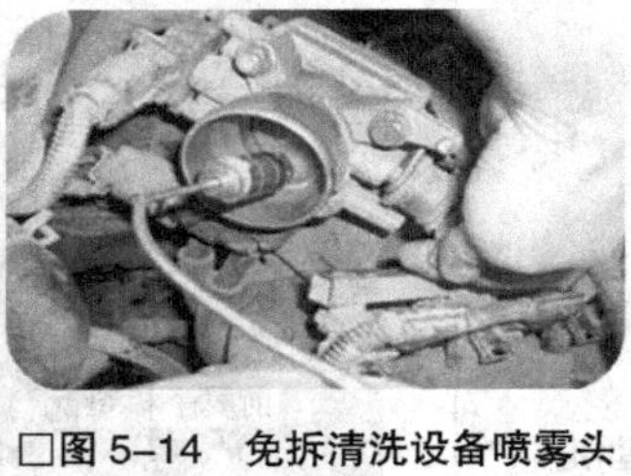　　　□图5-14　免拆清洗设备喷雾头 □5．打开空气压缩机，为设备接通气源。 □6．将气压调整到3 bar，如图5-15所示。 　为什么气压要调到3 bar? bar与我们熟悉的kPa、MPa、kg是什么关系？ _____ _____

注②：发动机正常工作温度为85～95℃。

□图5-15 吊瓶加压

□ 7. 将毛巾垫在进气总管与节气门体接口处，收集废液。

□ 8. 起动发动机，打开吊瓶开关，开始清洗进气系统，如图5-16所示。

□图 5-16 清洗进气系统

操作流程

□ 9. 将喷嘴对准进气管，发动机以2000r/min的转速快速运转。

□ 10. 观察雾状的清洗液吸入进气道中的情况。观察结果：是□ 否□ 需要调整压力。

□ 11. 清洗完毕后，取出喷雾头，用气枪吹净气道内的杂质，将进气总管复位，如图5-17所示。

□ 12. 再次起动发动机，运转10～20min。

□ 13. 验车与交付（注意6S标准）。

□图 5-17 进气系统恢复

（二）进气系统免拆清洗的注意事项

1. 清洗时间约20min。

2. 清洗时可适当踩加速踏板，使发动机转速达到2000～3000r/min。

3. 全程禁止吸烟及明火，并配备灭火器。

4. 注意6S操作标准。

操作流程	（三）技术要求 1．进气系统免拆清洗的周期一般为_____万千米。 2．验车时，进行怠速、急加速试车，听发动机声音是否有回火等不良现象。 3．调试正常后才可交车。
验收	1．质检验收（一般项目）。 同客户试车，确认其是否有异议。 是□ 否□ 与施工单对照，检查各项目是否完成。 是□ 否□ 检查发动机舱是否正常。 是□ 否□ 检查工具、设备是否落在车上。 是□ 否□ 2．质检验收（重点项目）。 检查系统接口处是否泄漏。 是□ 否□ 静态起动，检查发动机仪表指示灯是否正常。 是□ 否□ 怠速、急加速试车，听发动机声音是否正常。 是□ 否□

检查与评估	
6S管理规范 （教师点评）	□整理 □整顿 □清扫 □清洁 □素养 □安全
成绩评定 （学生总结）	小组对本人的评定：□优 □良 □及格 □不及格 学生本次任务成绩：□优 □良 □及格 □不及格

专业考核评分表——进气系统免拆清洗

班级：		组别：		组长：		日期：		
技术标准：1. 进气系统清洗流程及标准操作要求；2. 清洗中发动机转速要求；3. 工具使用规范								
序号	作业项目	考核内容	考核标准	分值	扣分	得分		
1	准备环节	正确选用工具	选错1次扣1分	5				
2		正确使用工具	用错1次扣1分	5				
3	检查环节	预热发动机	未达到规定温度扣2分	5				
4		填装清洗液	未规范操作扣3分	6				
5		拆卸并检查进气总管	忘记检查扣3分	5				
6		安装喷雾头	损坏喷雾头扣3分	4				
7	清洗环节	接通加压设备，调整气压	不能调到正确压力扣4分	10				
8		起动发动机准备清洗	未垫毛巾扣3分	10				
9		打开吊瓶开关，进行清洗	未达到规定转速扣4分	15				
10		清除杂质	未按规定操作扣4分	10				
11		再次运行发动机验收	未达到规定时间扣4分	8				
12		检查收尾，实施6S管理	忘记不得分	7				
13		项目实训时间	0～20 min　　　10分 20～22 min　　　8分 22～25 min　　　5分 >25 min　　　0分	10				
质检员：		评分员：			合计得分			

教师点评：

　　团队合作：优秀□ 良好□ 及格□ 不及格□　　　**分工明确**：优秀□ 良好□ 及格□ 不及格□

　　专业标准：优秀□ 良好□ 及格□ 不及格□　　　**操作规范**：优秀□ 良好□ 及格□ 不及格□

教师签字：			年　　月　　日

注：实训未按规范操作，导致设备损坏或人身伤害，本次考核记0分。

实训项目六 空气滤清器

任务一 空气滤清器保养认知

_____学时

班级：	组别：	姓名：	掌握程度：□优 □良 □及格 □不及格

一、工作任务

1. 认识空气滤清器。
2. 掌握空气滤清器的产品特性。
3. 熟悉相关国家标准和规范，建立质量意识和成本意识。

二、项目认知

1. 空气滤清器的安装位置

空气滤清器（简称空滤）安装在_____，如图6-1所示。

图 6-1 空气滤清器安装位置

2. 空气滤清器的组成和作用

（1）空气滤清器由_____组成，如图6-2所示。

（2）发动机在工作过程中要吸进大量的空气，如果空气不经过空气滤清器，颗粒就会进入活塞与气缸之间，从而造成拉缸（拉缸是指气缸内壁被拉出很深的沟纹）现象。所以空气滤清器起_____作用，保证气缸中进入_____空气。

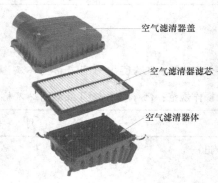

空气滤清器盖

空气滤清器滤芯

空气滤清器体

图 6-2 空气滤清器的组成和作用

3．保养里程

现代汽车的空气滤清器多采用纸质滤芯。纸质滤芯滤清效率高，灰尘的透过率有_____%。使用纸质滤芯能减轻气缸和活塞的磨损，延长发动机使用寿命。汽车行驶_____km后应对空气滤清器进行除尘，通常在行驶_____km时应更换滤芯。

4．空气滤清器滤芯维护与保养

（1）正确安装（见图6-3）。

图6-3　空气滤清器安装

检查维护时，滤芯上的密封垫必须安装在_____，以防止空气不经_____进入气缸。

橡胶密封垫易脱落、老化、变形，空气易从密封垫缝隙流过，把大量灰尘带进气缸。如检查发现密封垫_____，应更换新品。

滤芯抗压能力低，不能装得过_____，否则易把纸质滤芯压坏，影响滤清效果。

（2）滤芯（见图6-4）的选择。

图6-4　空气滤清器滤芯外部图

① 在购买空气滤清器滤芯时，要对应好车辆型号，一般车型、_____、_____等都要对准。

② 选择_____，这样过滤的效果较好，能起到更强的净化空气作用。

③ 掂一掂重量，好的滤芯重量要_____，购买时可以拿在手里掂一下，这样的空气滤芯比较耐用。

④ 最好买_____的滤芯，质量方面更有保障，而且使用时间更长一些。

（3）纸质滤芯的特点及清洁方法。

图6-5　空气滤清器滤芯的清洁

图6-5所示的滤芯采用微孔滤纸，表面经过树脂处理，滤芯周围会黏附着一层灰尘，清洁时不能用_____，以防止油水浸染滤芯。常用的清洁滤芯的方法有两种。

① 轻拍法，即将滤芯从壳中取出，_____。但不得敲打滤芯外表面，防止_____，降低滤清效果。

② 吹洗法，即用压缩空气从滤芯_____吹，将灰尘吹净。但压缩空气压力不得超过_____kPa，以防止损坏滤芯。

··· □ 案例分享 □ ···

———————【故障现象】———————

江淮格尔发冷藏车在平坦路面上重载行驶正常，爬坡时或需要重负荷时发动机转速降低导致怠速状态，踩加速踏板无反应，停机重新起动后一切正常，行驶一段时间后故障重现。

———————【故障诊断】———————

1. 首先对低压油路进行仔细的排查，未发现异常。

2. 将故障诊断仪与ECU连接，读取故障码，车速传感器异常。

3. 根据故障码，观察数据流（柴油机转速、加速踏板位置传感器电压、目标轨压与实际轨压、增压压力等数值）时，发现增压压力最高升至0.126MPa，没有达到最大增压压力。

4. 检查增压压力传感器，测量电源电压有5V，用万用表连接增压压力传感器57针与128针，观察电压变化，万用表显示电压在1.26～1.96V变化是正常的，所以排除增压压力传感器故障。

5. 将冷藏车发动机上的空气滤清器拆下，发现滤芯有破损和凹陷，再次用故障诊断仪观察数据流里的增压压力传感器的压力，发现压力由原来的0.126MPa升到0.139MPa；同时用万用表对ECU的57针和128针进行电压检测，电压为1.26～1.94V，证明两组数据都属于正常状态。

———————【故障排除】———————

更换空气滤清器滤芯后，发动机动力恢复正常，故障现象消失。

———————【故障原因】———————

根据上述检测分析，该冷藏车发动机故障是由于空气滤清器滤芯堵塞引起的，发动机在大负载运行时，因进气负压太大导致进气不足，进而导致发动机动力不足。

———————【案例总结】———————

空气滤清器滤芯的主要作用是过滤掉空气中的杂质，保证进入气缸的空气质量，减少气缸的磨损，其质量直接影响发动机的可靠性和使用寿命，如空气滤清器过脏，会阻碍进气，影响发动机的功率。

任务二　空气滤清器保养

_____学时

班级：	组别：	姓名：	掌握程度：□优　　□良　　□及格 □不及格

实训目的	根据"任务二"的需求，能够掌握更换、保养空气滤清器的方法。
安全注意事项	注意个人及设备安全，规范操作。
实训器材	整车（如卡罗拉）、世达工具、气枪、整车防护七件套、毛巾等。
教学组织	每辆车按6位学员（组长1人、主修1人、辅修1人、观察员1人、评分1人、质检1人）作业，循环操作。
操作步骤演示	 微课 空气滤清器保养

任务	作业记录内容　☑正确　☒错误
前期准备	□ 1．护具——整车防护七件套（前翼子板垫/左右翼子板垫/脚垫/转向盘套/座椅套/变速器操作杆套），如图6-6和图6-7所示。（注①）  前翼子板垫　左右翼子板垫　转向盘套　座椅套　脚垫　变速器操作杆套 □图6-6　车外三件套 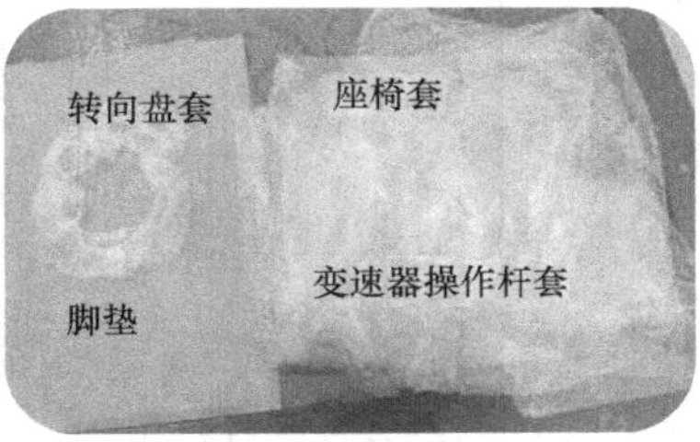　　□图6-7　车内四件套 □ 2．工具、耗材——整车、世达工具（见图6-8）、气枪（见图6-9）、毛巾等。

注①：准备工作一定注意四到位。1．防护到位；2．工具到位；3．设备到位；4．耗材到位。

前期准备	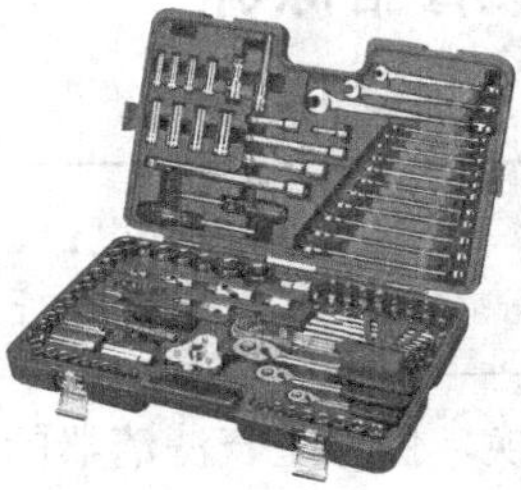 □图6-8　世达工具 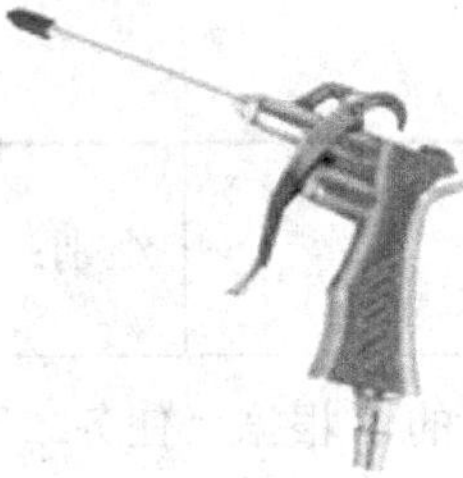　　　　　　　　　　□图6-9　气枪
安全检查	□检查车辆驻车制动器是否拉起及变速杆是否处于空挡。 □检查实训台架及周围是否安全。
防护工作	防护工作的操作步骤如图6-10～图6-12所示。  □图6-10　人身防护 　　　□图6-11　车身防护 　　　□图6-12　车内防护
操作流程	（一）操作步骤 **步骤一　拆卸空气滤清器** □1．松开空气滤清器锁扣（见图6-13），卸下固定滤芯的螺母，取下护盖后拔出滤芯，如图6-14所示。 □2．取出滤芯后，用毛巾堵住进气口，防止杂质掉入。 □3．用毛巾和气枪清洁空气滤清器内部和外部。  □图6-13　空气滤清器锁扣 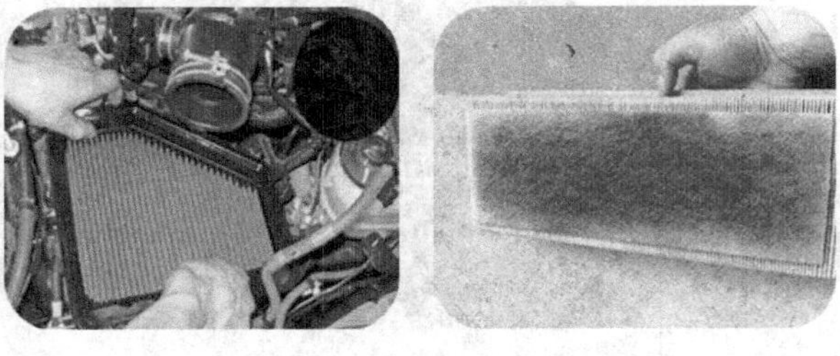　　　　　□图6-14　滤芯的拆卸 **步骤二　检查空气滤清器** □1．将灯点亮放入滤芯里面，从外部观察有无损伤、小孔或变薄的部分，如图6-15所示。检查结果：□是　□否　需更换滤芯。

操作流程	□ 2．检查橡胶垫圈有无损伤。检查结果：□是 □否 需更换橡胶垫圈。（注②） 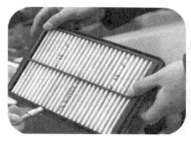 □图 6-15 滤芯的检查 **步骤三 清洁空气滤清器** □ 1．检查空气滤清器污染程度并进行清洁。 □ 2．当空气滤清器积存干燥的灰尘时，可用压力不高于500kPa的压缩空气，从空气滤清器内侧开始，上下均匀地沿斜角方向吹净空气滤清器内外表面的灰尘；也可将空气滤清器滤芯在地上轻轻磕打，如图6-16所示。 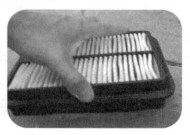 □图 6-16 空气滤清器滤芯的清洁 **步骤四 安装空气滤清器** □ 按与拆卸相反的顺序安装空气滤清器，将各部件安装好。 **（二）注意事项** 1．注意检查新空气滤清器有无损伤，垫圈是否有缺损。 2．根据车型的滤芯更换周期规定（一般为10000km，以实际情况为主）进行更换。 3．不能让油污等污染空气滤清器。 4．用压力不高于500kPa的压缩空气，吹空气滤清器。 5．取出滤芯后，用毛巾堵住进气口，防止杂质掉入。
验收	1．质检验收（一般项目）。 静态起动，听发动机声音是否正常。　　　　　是□ 否□ 同客户试车，确认其是否有异议。　　　　　是□ 否□ 与施工单对照，检查各项目是否完成。　　　是□ 否□

注②：在实际操作中，检查发现滤芯或橡胶垫圈需要更换时，与车主沟通后可直接更换，无须再开展步骤三的清洁作业。

验收	检查发动机舱。	是□ 否□
	检查工具、设备是否落在车上。	是□ 否□
	2．质检验收（重点项目）。	
	检查进气管是否漏气。	是□ 否□
	检查空气滤清器锁扣是否按好，必须平整到位。	是□ 否□
	检查仪表板上是否有报警灯点亮。	是□ 否□

检查与评估	
6S管理规范（教师点评）	□整理　□整顿　□清扫　□清洁　□素养　□安全
成绩评定（学生总结）	小组对本人的评定：□优 □良 □及格 □不及格 学生本次任务成绩：□优 □良 □及格 □不及格

专业考核评分表——空气滤清器保养

班级:	组别:		组长:	日期:		
技术标准：1. 空气滤清器的拆装流程及操作要求；2. 滤芯和橡胶垫圈的检查标准						
序号	作业项目	考核内容	考核标准	分值	扣分	得分
1	准备环节	正确选用工具	选错1次扣1分	5		
2		规范使用工具	不规范使用扣1分	5		
3	拆装环节	清洁发动机舱	未清洁不得分	6		
4		拆卸空气滤清器	按照标准流程规范拆卸，错1次扣10分	20		
5		清洁空气滤清器	按标准清洁空气滤清器，未达标准扣12分	12		
6		安装空气滤清器	按照标准流程规范安装，错1次扣10分	12		
7	检查环节	检查滤芯有无损坏	按照标准流程规范检查，漏检1项扣10分，错检1项扣10分	10		
8		检查橡胶垫圈有无损坏		10		
9		检查滤芯污染程度		10		
10	项目实训时间		0～8min　　10分 8～10min　　5分 ＞10min　　0分	10		
质检员：		评分员：		合计得分		

教师点评：

团队合作：优秀□ 良好□ 及格□ 不及格□　　　　**分工明确**：优秀□ 良好□ 及格□ 不及格□

专业标准：优秀□ 良好□ 及格□ 不及格□　　　　**操作规范**：优秀□ 良好□ 及格□ 不及格□

教师签字：　　　　　　　　　　　　　　　　　　　　　　　年　　月　　日

注：实训未按规范操作，导致设备损坏或人身伤害，本次考核记0分。

实训项目七 ——— 火花塞

任务一　汽车火花塞认知

_____学时

班级：	组别：	姓名：	掌握程度：□优　　□良　　□及格 □不及格

一、工作任务

1．熟知火花塞的作用及其影响。

2．掌握火花塞检查方法、判断标准。

3．掌握火花塞的产品特性。

4．培养爱岗敬业的价值观，建立专业自信、实践创新的工匠精神。

微课

工匠风采

二、项目认知

1．火花塞的作用及其影响

火花塞将高压脉冲电压引入气缸，并通过中央电极和侧电极之间的间隙产生放电现象，形成电火花，点燃可燃混合气，完成发动机做功行程，如图7-1所示。

（1）火花塞无法完成放电点火会出现什么现象？

_____

_____

（2）火花塞漏电导致电火花变弱了又会产生什么现象？

_____

_____

2．火花塞的产品特性

（1）汽车火花塞的类型。

① 汽车火花塞按放电极数量可分为_____、_____、_____等，如图7-2所示。

侧电极　　　中央电极

图 7-1　火花塞跳火　　　　　**图 7-2　火花塞按放电极数量分类**

② 汽车火花塞按材料分类，可分为普通镍合金火花塞、铜合金火花塞、铂金火花塞（单/双）和铱金火花塞（单/双）、铱铂金火花塞、针对针铱铂金火花塞、钌合金火花塞等，如图7-3所示。双铂金火花塞如图7-4所示。

实训项目七 火花塞

③汽车火花塞按散热性分类，可分为冷型火花塞和热型火花塞。

（2）单极火花塞、双极火花塞、三极火花塞分别对发动机性能有什么影响？

_____

_____

_____

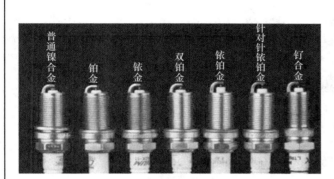

图7-3 各类型火花塞

图7-4 双铂金火花塞

（3）火花塞的使用寿命。不同材料火花塞的更换周期如图7-5所示。

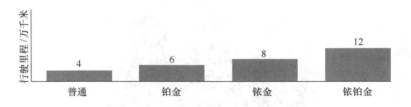

图7-5 不同材料火花塞的更换周期

　　零部件的使用寿命是由材料特性和工作环境所决定的。火花塞也不例外，工作环境是多变的，而材料特性是不变的，所以我们常说汽车行驶到多少千米火花塞要换，其实是根据材料特性测算出来的。由于工作环境是个不规则的变量，因此很难准确加入计算，在测算零部件寿命时往往把工作环境看成一个定量来计算，所以还是应该以检查结果为准。

　　3．火花塞检查方法和判断标准

　　火花塞可能发生的故障如图7-6所示。火花塞主要应进行以下检查。

　　①检查火花塞的间隙，火花塞间隙的标准值一般根据车型而定，范围在0.8～1.2mm。

　　②检查火花塞中心电极是否有融化现象。

　　③检查火花塞头部颜色。其中，黑色表示燃烧不完全，如图7-7所示，引起这种现象的原因可能是：混合气过浓；经常低速行驶；火花塞热值不对。白色表示硅胶燃烧；潮湿表示出现发动机淹缸现象，气缸内燃油过多；表面有积炭表示燃烧机油。

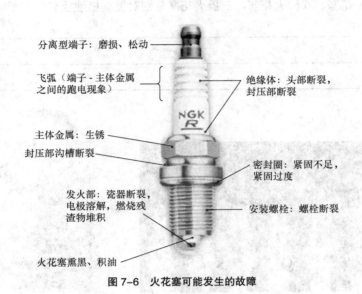

分离型端子：磨损、松动

飞弧（端子 - 主体金属之间的跑电现象）

绝缘体：头部断裂，封压部断裂

主体金属：生锈

封压部沟槽断裂

密封圈：紧固不足，紧固过度

发火部：瓷器断裂，电极溶解，燃烧残渣物堆积

安装螺栓：螺栓断裂

火花塞熏黑、积油

图 7-6　火花塞可能发生的故障

图 7-7　火花塞电极呈黑色

4．火花塞的品牌

（1）火花塞品牌有哪些？

_____

（2）简述各类型火花塞的大致价格。

_____

_____

□ 案例分享 □

【故障现象】

一辆 2002 款长丰猎豹汽车，行驶里程约 11.3 万千米。当汽车在 40～70km/h 的速度行驶时，发动机有"耸车"现象。当车速低于 40km/h 或高于 70km/h 时，"耸车"现象就会消失，尤其在行驶时从 3 挡换至 4 挡后，此时进行急加速，发动机动力不足。如果用四驱（四轮驱动）行驶，有时会有熄火现象，用二驱行驶，故障现象会有所减轻。

【故障诊断】

根据车主提供的故障现象进行路试，感觉问题应该在点火系统上。

用万用表测量高压线阻值，2 缸高压线阻值偏大，更换原厂高压线，路试后故障现象消失。

然而几天后车主反映，车辆更换高压线后只是正常行驶了 5 天，后来"耸车"现象又出现了。车主怀疑高压线的质量有问题，要求重新更换一套新的高压线。

为了确定高压线质量是否有问题，采用换件法和同型号的车互换高压线，比较后"耸车"现象还是没有消失，这说明高压线正常。

检查火花塞时发现火花塞性能变差，全部更换火花塞后试车，故障现象消失。

原以为这次能彻底排除故障，但是 3 天后车主又把车开回来，"耸车"现象又出现了。

为什么更换完高压线、火花塞后，故障现象就会立即消失，而过几天又出现呢？维修人员怀疑火花塞的质量有问题。

【故障排除】

将火花塞更换成原厂配件，故障排除。至此故障彻底排除，车主反映"耸车"现象再也没有出现。

【故障原因】

1. 更换火花塞时应特别注意火花塞的热值是否符合原厂标准，否则会导致点火强度不够。

2. 一些维修人员在工作中更换火花塞时往往随意性很大，有时认为价格高的火花塞一定比价格低的火花塞好，就像铂金火花塞比普通火花塞性能好一样，铂金火花塞点火时减轻了在燃烧室内的电火花、烧蚀和腐蚀现象，并且产生更强的火花，寿命也比普通火花塞大大提高，但是并非适合所有发动机。

3. 一些不正规的个体维修企业或修配厂购买的火花塞质量很差，单凭配件的外观很难辨别其质量的好坏，因此我们在工作中就会无法做出正确的判断。

【案例总结】

火花塞更换过程中有几个注意事项。

1. 首先换装的火花塞尺寸一定要跟相应的车型匹配。

2. 火花塞的型号也要相同；更换火花塞最好选择到 4S 店或品牌的连锁店。

3. 要用专业工具（扭力扳手、顶端有磁性的套筒）更换火花塞。

4. 火花塞的安装扭力要符合原厂标准，如果力度小了，可能会造成渗油和漏气，影响发动机性能；而力度过大则会造成脱扣或扭断火花塞的现象。

任务二　火花塞检查与更换

_____学时

班级：	组别：	姓名：	掌握程度：□优　□良　□及格 □不及格
实训目的	根据"任务二"的需求，能够掌握火花塞检查与更换的方法。		
安全注意 事项	注意个人及设备安全，规范操作。		
实训器材	整车（如科鲁兹）、火花塞、火花塞专用套筒、世达工具、塞尺、整车防护七件套、毛巾等。		
教学组织	每辆车按6位学员（组长1人、主修1人、辅修1人、观察员1人、评分1人、质检1人）作业，循环操作。		
操作步骤 演示	 微课 火花塞检查与 更换		

任务	作业记录内容　☑正确　☒错误
前期准备	□ 1．护具——整车防护七件套（前翼子板垫/左右翼子板垫/脚垫/转向盘套/座椅套/变速器操作杆套），如图7-8和图7-9所示。（注①）  前翼子板垫　左右翼子板垫　　转向盘套　座椅套　脚垫　变速器操作杆套 □图7-8　车外三件套 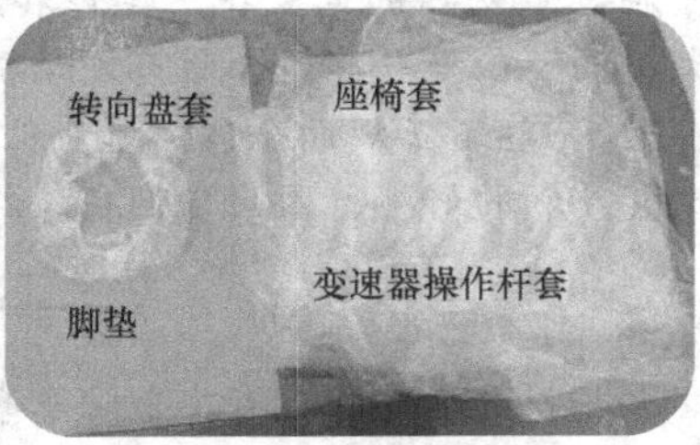　　　　□图7-9　车内四件套 □ 2．工具与耗材——整车、世达工具（见图7-10）、塞尺（见图7-11）、火花塞（见图7-12）、火花塞专用套筒、毛巾等。

注①：准备工作一定注意四到位。1．防护到位；2．工具到位；3．设备到位；4．耗材到位。

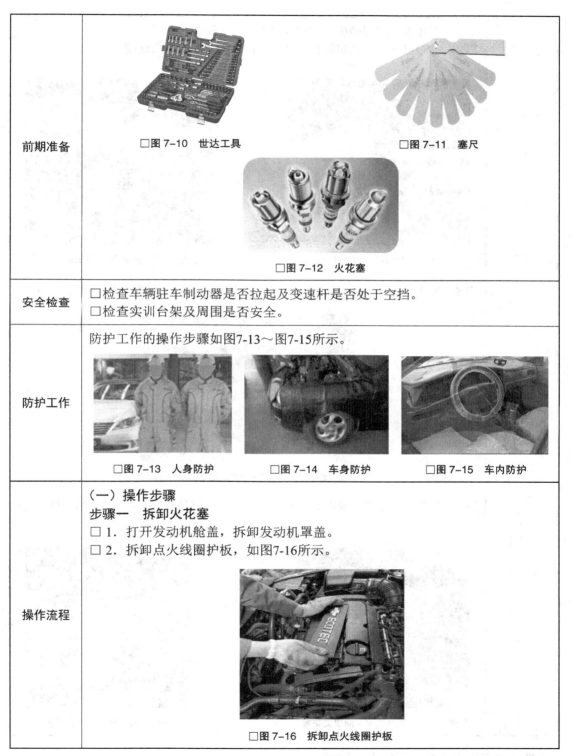

前期准备	□图 7-10 世达工具　　　□图 7-11 塞尺 □图 7-12 火花塞
安全检查	□检查车辆驻车制动器是否拉起及变速杆是否处于空挡。 □检查实训台架及周围是否安全。
防护工作	防护工作的操作步骤如图7-13～图7-15所示。 □图 7-13 人身防护　　□图 7-14 车身防护　　□图 7-15 车内防护
操作流程	（一）操作步骤 步骤一 拆卸火花塞 □ 1. 打开发动机舱盖，拆卸发动机罩盖。 □ 2. 拆卸点火线圈护板，如图7-16所示。 □图 7-16 拆卸点火线圈护板

□ 3．拆卸点火线圈插头，如图7-17所示。（注②）

□ 4．拆卸点火线圈固定螺栓，如图7-18所示。拆卸点火线圈。

□图7-17　拆卸点火线圈插头　　　　　　　□图7-18　拆卸点火线圈固定螺栓

□ 5．使用火花塞专用套筒或点火线圈，取出火花塞，如图7-19和图7-20所示。

□图7-19　火花塞专用套筒拆卸火花塞

□ 6．取出火花塞后，需用毛巾覆盖气缸口，防止异物或灰尘掉入气缸，如图7-21所示。

□图7-20　使用点火线圈取火花塞　　　　　□图7-21　气缸用毛巾覆盖

操作流程

注②：拔插头时必须关闭点火开关，按住上面的卡扣拔下。

操作流程	**步骤二　火花塞的检查** □ 1．用塞尺检查火花塞间隙，如图7-22所示。  1mm（符合要求） 1.02mm（不符合要求） □图 7-22　火花塞间隙检查 □ 2．目视检查火花塞的颜色。 □ 3．目视检查火花塞的外壳。 将检查结果填入表7-1中。 表7-1　　　　　　　　　　　　火花塞检查 （见下表） **步骤三　火花塞的安装** □ 1．将火花塞轻轻送入气缸并按照标准力矩（25～30 N·m）拧紧。 □ 2．将点火线圈及其附件等全部装复后，起动发动机，检查有无异常。 **（二）注意事项** 1．注意火花塞座孔的清洁。 2．用工具松开火花塞后要用手拧松。 3．放入火花塞时要保护好放电极。 4．注意6S操作标准。 **（三）技术要求** 1．火花塞的拧紧力矩要符合标准。 2．火花塞电极间隙要符合标准。 3．新火花塞的规格、热值、电极材质要一致。

表7-1　　火花塞检查

检查项目	火花塞的颜色	火花塞间隙	火花塞外壳	判断处理
检查标准				
检查情况				

验收	1．质检验收（一般项目）。 同客户试车，确认其是否有异议。　　　　　　　　　　　　是□ 否□ 与施工单对照，检查各项目是否完成。　　　　　　　　　是□ 否□

验收	检查发动机舱是否正常。	是□ 否□
	检查工具、设备是否落在车上。	是□ 否□
	2．质检验收（重点项目）。	
	静态起动，检查发动机怠速是否平稳。	是□ 否□
	怠速、急加速试车，检查发动机是否正常。	是□ 否□

检查与评估	
6S管理规范 （教师点评）	□整理　□整顿　□清扫　□清洁　□素养　□安全
成绩评定 （学生总结）	小组对本人的评定：□优 □良 □及格 □不及格 学生本次任务成绩：□优 □良 □及格 □不及格

专业考核评分表——火花塞检查与更换

班级：		组别：	组长：		日期：	
技术标准：1. 火花塞的检查标准；2. 火花塞的拆装流程及操作要求						
序号	作业项目	考核内容	考核标准	分值	扣分	得分
1	准备环节	正确选用工具	选错1次扣1分	5		
2		规范使用工具	不规范使用扣1分			
3		正确选用检测量具	选错1次扣1分	5		
4		正确使用检测量具	用错1次扣1分			
5	拆卸环节	拆卸发动机罩盖	按照标准流程规范拆卸，错1次扣5分	25		
6		拆卸点火线圈上的附件				
7		拆卸点火线圈				
8		拆卸火花塞				
9	检查环节	火花塞间隙检查	按照标准流程规范检查，漏检1项扣10分，错检1项扣10分	30		
10		火花塞颜色检查				
11		火花塞外壳检查				
12	安装环节	安装火花塞	按照拆卸倒序安装，错1次扣5分	25		
13		安装点火线圈及附件				
14	项目实训时间		0～15min 10分 15～17 min 5分 ＞17 min 0分	10		
质检员：		评分员：		合计得分		

教师点评：

团队合作：优秀□ 良好□ 及格□ 不及格□　　**分工明确**：优秀□ 良好□ 及格□ 不及格□
专业标准：优秀□ 良好□ 及格□ 不及格□　　**操作规范**：优秀□ 良好□ 及格□ 不及格□

教师签字：　　　　　　　　　　　　　　　　　年　　月　　日

注：实训未按规范操作，导致设备损坏或人身伤害，本次考核记0分。

实训项目八 —— 燃油供给系统

任务一 燃油供给系统免拆清洗认知

_____学时

班级：	组别：	姓名：	掌握程度：□优 □良 □及格 □不及格

一、工作任务

1．了解燃油供给系统免拆清洗的设备、产品。

2．熟知燃油供给系统清洗的周期。

3．熟知燃油供给系统清洗的必要性。

4．培养全方位思考、辩证思维，综合分析问题、解决问题能力。

二、项目认知

1．燃油供给系统清洗的作用

清除燃油供给系统中的_____，可提高喷油压力和雾化_____，降

低_____，增加发动机输出功率。燃油供给系统喷油嘴清洗前后的喷油情况如

图8-1和图8-2所示。

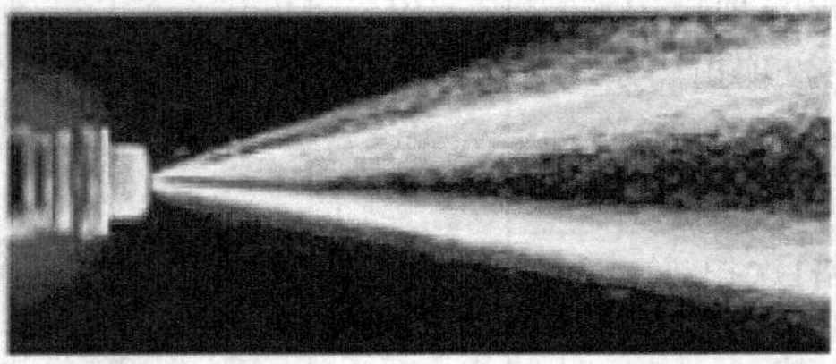

图 8-1 喷油嘴清洗前 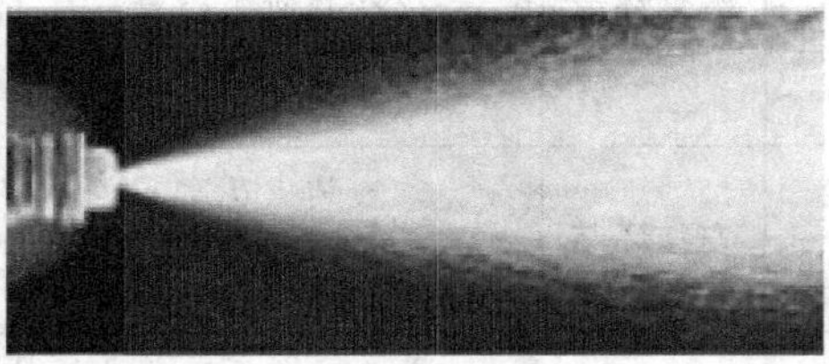　　　　　　　　　　　　　图 8-2 喷油嘴清洗后

2．燃油供给系统清洗的必要性

燃油供给系统内壁和部件上的附着物会导致系统堵塞、密封性下降，也就是喷油不雾化、滴漏、油压不足等问题，所以应定期清洗燃油供给系统。

（1）不雾化或雾化效果差会造成什么样的影响？

_____

（2）喷油滴漏、油压不足会造成什么影响？

_____

3．燃油供给系统清洗的周期

厂家通常没有规定燃油供给系统的清洗周期，一般建议_____万千米左右清洗一次。周期也是可以变化的，以检查结果为准。

4．清洗设备与产品

（1）写出图8-3所示的燃油供给系统清洗设备和产品的名称。

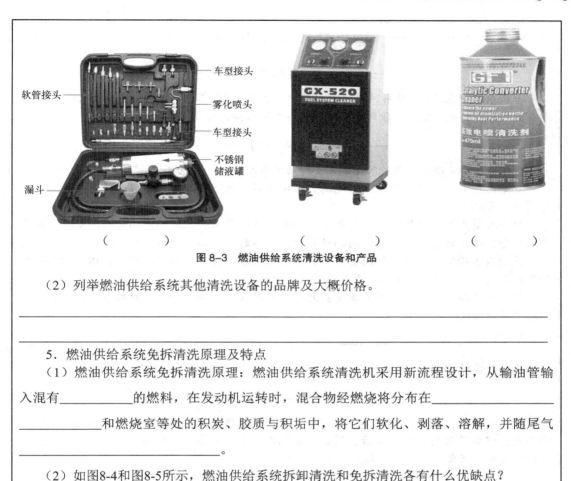

（   ）   （   ）   （   ）

图 8-3　燃油供给系统清洗设备和产品

（2）列举燃油供给系统其他清洗设备的品牌及大概价格。

_____

_____

5．燃油供给系统免拆清洗原理及特点

（1）燃油供给系统免拆清洗原理：燃油供给系统清洗机采用新流程设计，从输油管输入混有_____的燃料，在发动机运转时，混合物经燃烧将分布在_____

_____和燃烧室等处的积炭、胶质与积垢中，将它们软化、剥落、溶解，并随尾气

_____。

（2）如图8-4和图8-5所示，燃油供给系统拆卸清洗和免拆清洗各有什么优缺点？

_____

_____

图 8-4　喷油器拆卸清洗

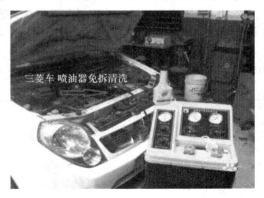

图 8-5　喷油器免拆清洗

□ 案例分享 □

———【故障现象】———

一辆东风小康汽车，使用时间约有七八年，行驶里程数不详，车主平时用车来装载货物。车主向维修人员反映该车行驶时发动机抖动、加不上油，即动力不足。

———【故障诊断】———

经维修人员检测，判断故障为缺缸（即动力不足）。

首先检查火花塞跳火情况，发现跳火情况良好，说明故障不在点火系统上。然后就要考虑供油系统了。

维修人员先把燃油滤清器滤芯拆下来检查，可以看出进入滤芯的油管出油是正常的且汽油洁净，但是通过燃油滤清器的油量非常少，同时流出的汽油特别脏，这时该车抖动的故障原因基本确定，应该是燃油滤清器滤芯的过油量少同时滤油效果极差，脏汽油致使喷油嘴或油轨堵塞，导致不喷油，发动机缺缸抖动。

维修人员建议车主更换燃油滤清器滤芯，同时进行燃油供给系统免拆清洗项目，车主同意更换与清洗。

———【故障排除】———

维修人员对该车进行燃油供给系统免拆清洗和更换燃油滤清器滤芯后，故障排除。

———【故障原因】———

喷油器堵塞，燃油供给达不到规定值，混合气浓度偏低。怠速、匀速时用油量少，影响不大，但加速时用油量变大后，则会出现混合气变稀的情况，即加速无力，抖动，严重时出现放炮、回火、喘振等现象。

———【案例总结】———

随着车辆的不断使用，积炭也逐渐增多，随之就会导致发动机性能变差，出现怠速抖动、加速不良、油耗增加、尾气超标等种种不良现象。这是因为进气道、气门处、燃烧室的积炭会在冷车时吸附燃油，热车时释放燃油，造成冷车时不易着车、热车时油耗高；而喷油嘴、排气系统的堵塞则会造成抖动、加速不良等故障。

出现上述故障一般建议进行免拆清洗作业，清洗油道内胶质、油泥，畅通油路。清除燃烧室、活塞环、气门等处的积炭，消除发动机起动不畅、动力不足、耗油量大、冒黑烟等故障，促进燃烧，降低油耗，提高动力。

任务二 燃油供给系统免拆清洗

_____学时

班级：	组别：	姓名：	掌握程度：□优 □良 □及格 □不及格
实训目的			根据"任务二"的需求，掌握燃油供给系统免拆清洗的方法。
安全注意事项			注意个人及设备安全，规范操作。
实训器材			整车、免拆清洗设备（吊瓶）、世达工具、免拆清洗剂、软布、空气压缩机、整车防护七件套、气枪等。
教学组织			每辆车按6位学员（组长1人、主修1人、辅修1人、观察员1人、评分1人、质检1人）作业，循环操作。

操作步骤演示	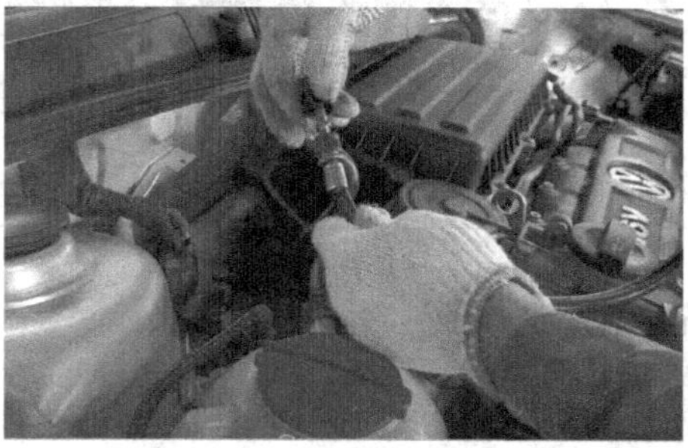 微课 燃油供给系统免拆清洗

任务	作业记录内容 ☑正确 ☒错误

前期准备

□ 1. 护具——整车防护七件套（前翼子板垫/左右翼子板垫/脚垫/转向盘套/座椅套/变速器操作杆套），如图8-6和图8-7所示。（注①）

前翼子板垫　左右翼子板垫

□图 8-6　车外三件套

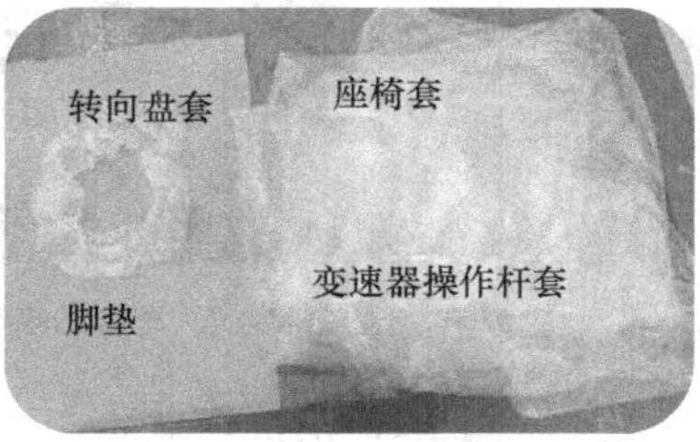

转向盘套　座椅套　脚垫　变速器操作杆套

□图 8-7　车内四件套

□ 2. 工具与耗材——整车、世达工具（见图8-8）、免拆清洗设备（见图8-9）、免拆清洗剂（见图8-10）、软布、空气压缩机、气枪等。

注①：准备工作一定注意四到位。1. 防护到位；2. 工具到位；3. 设备到位；4. 耗材到位。

前期准备	
	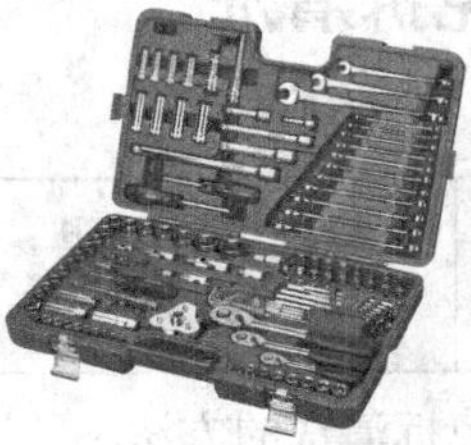   □图8-8　世达工具　　　□图8-9　免拆清洗设备（吊瓶）　　　□图8-10　免拆清洗剂
安全检查	□检查车辆驻车制动器是否拉起及变速杆是否处于空挡。 □检查实训台架及周围是否安全。 □检查现场消防设备。
防护工作	防护工作的操作步骤如图8-11～图8-13所示。    □图8-11　人身防护　　　□图8-12　车身防护　　　□图8-13　车内防护
操作流程	（一）操作步骤 **步骤一　燃油供给系统免拆清洗作业** □1．燃油供给系统泄压。 □（1）起动车辆，拔下燃油泵熔丝、继电器或者拔下燃油泵供电线束，如图8-14所示。 □（2）自动熄火后，再起动发动机数次，将残压排尽，如图8-15所示。 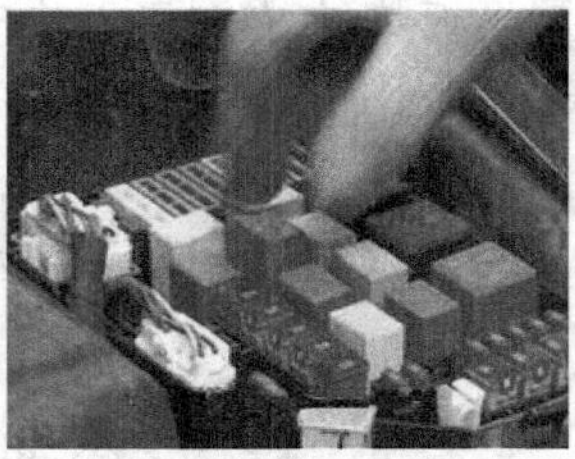 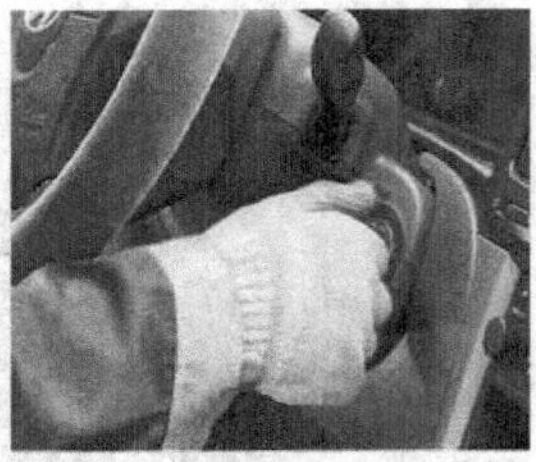 □图8-14　车身用电设备熔丝盒　　　□图8-15　起动发动机数次 □2．清洗作业。 □（1）向吊瓶中加注免拆清洗剂，并将吊瓶固定在发动机舱盖锁扣上，如图8-16所示。 □（2）拆卸燃油管。（注②）

注②：拆燃油管时会有残余液体流出，一定要将毛巾放在燃油管下面。安装吊瓶后一定要安装合适的接口并检查密封性，与燃油管的连接要配合紧密以防泄漏。

操作流程	□（3）选用合适的清洗接头将吊瓶连接到喷油器油轨上。 □（4）吊瓶连接空气压缩机，接通气源，调整压力为0.2～0.3MPa，如图8-17所示。   □图8-16 免拆清洗吊瓶　　　　　　□图8-17 空气压缩机端口连接处 □（5）起动发动机，开始清洗。（注③） **步骤二　安装检查作业** □1．将拆卸和清洗工具、燃油管复位，用气枪清洁发动机舱，如图8-18所示。 □2．打开点火开关，不起动发动机（注④），检查燃油管有无漏油，检查仪表指示灯是否正常，如图8-19所示。 □3．起动发动机，查看发动机是否抖动，确认发动机工作正常。   □图8-18 清洁发动机舱　　　　　　□图8-19 汽车仪表指示灯显示状况 □4．使用故障诊断仪（见图8-20）清除泄压时产生的故障码。  □图8-20 故障诊断仪

注③：清洗时间约30min，清洗快结束时踩加速踏板使发动机运转速度在2000～3000r/min，排出发动机内的污垢。
注④：汽车在打开点火开关时，燃油泵会工作3s，这是为了提高起动时的燃油供给系统残压，缩短起动时间。

操作流程	□5．验车与交付。（注意6S标准）
	（二）燃油供给系统免拆清洗的注意事项
	1．拆卸燃油管时一定要泄压。
	2．在清洗时和结束后一定要检查管路有无泄漏。
	3．全程禁止吸烟及明火，必须配备灭火器。
	4．注意6S操作标准。
	（三）技术要求
	1．安装清洗设备时选用接头要合适。
	2．泄压工作流程要规范。
验收	1．质检验收（一般项目）。
	同客户试车，确认其是否有异议。　　　　　　是□ 否□
	与施工单对照，检查各项目是否完成。　　　　是□ 否□
	检查发动机舱是否正常。　　　　　　　　　　是□ 否□
	检查工具、设备是否落在车上。　　　　　　　是□ 否□
	2．质检验收（重点项目）。
	检查系统接口处是否泄漏。　　　　　　　　　是□ 否□
	静态起动，检查发动机仪表指示灯是否正常。　是□ 否□
	怠速、急加速试车，检查是否正常。　　　　　是□ 否□

检查与评估	
6S管理规范 （教师点评）	□整理　□整顿　□清扫　□清洁　□素养　□安全
成绩评定 （学生总结）	小组对本人的评定：□优 □良 □及格 □不及格 学生本次任务成绩：□优 □良 □及格 □不及格

专业考核评分表——燃油供给系统免拆清洗

班级：		组别：	组长：	日期：		
技术标准：1. 清洗设备安装流程及操作要求；2. 燃油供给系统泄压流程及操作要求						
序号	作业项目	考核内容	考核标准	分值	扣分	得分
1	准备环节	正确选用工具	选错1次扣1分	5		
2		规范使用工具	不规范使用扣1分			
3		正确选用清洗工具	选错1次扣1分	5		
4		正确使用清洗工具	用错1次扣1分			
5	拆卸环节	燃油供给系统泄压	按照标准流程规范拆卸，错1次扣5分	25		
6		拆卸燃油管				
7	清洗环节	连接清洗工具	按照标准流程规范清洗，错1次扣5分	30		
8		起动车辆并清洗				
9		清洗完拆卸清洗工具				
10	安装环节	安装燃油管，恢复油压	按照拆卸倒序安装，错1次扣5分	25		
11		清洁发动机舱				
12		清除故障码				
13		起动车辆，检查运转情况				
14	项目实训时间		0～25min　　10分 25～35min　　5分 >35min　　0分	10		
质检员：		评分员：		合计得分		
教师点评： 团队合作：优秀□ 良好□ 及格□ 不及格□　　　分工明确：优秀□ 良好□ 及格□ 不及格□ 专业标准：优秀□ 良好□ 及格□ 不及格□　　　操作规范：优秀□ 良好□ 及格□ 不及格□						
教师签字：　　　　　　　　　　　　　　　　　　　　　　　年　　月　　日						

注：实训未按规范操作，导致设备损坏或人身伤害，本次考核记0分。

实训项目九 —— 燃油压力

任务一　燃油压力检测认知

_____学时

班级：	组别：	姓名：	掌握程度：□优　□良　□及格 □不及格

一、工作任务

1．熟知燃油压力检测的作用。

2．掌握燃油压力检测方法和判断标准。

3．掌握通过燃油压力大小分析故障的方法，并做出处理。

4．引导学生树立远大理想目标，学好本领，将来投身到技能报国的大国工匠行列。

二、项目认知

1．燃油压力检测的作用

在汽车维修过程中，经常会出现燃油压力的故障，必须学会如何测量_____压力、如何对燃油进行泄压，目的是_____，并掌握常见的燃油故障，如_____。燃油压力表如图9-1所示。燃油共轨系统工作过程如图9-2所示。

图 9-1　燃油压力表

燃油压力表

图 9-2　燃油共轨系统工作过程

2．燃油压力的检测

燃油供给系统包括_____、_____、_____、_____、_____等5种燃油压力。应使用压力表对燃油压力进行检测，如图9-3所示。

图 9-3　燃油压力检测

3．燃油供给系统故障

（1）燃油压力过高。

原因分析：燃油压力调节器真空软管＿＿＿＿＿＿，连接部位在＿＿＿＿＿＿；燃油压力调节器失效（＿＿＿＿＿＿）；回油管堵塞或＿＿＿＿＿＿＿＿＿＿＿＿＿＿＿＿＿，如图9-4和图9-5所示。

现象：发动机怠速＿＿＿＿＿；发动机混合气过＿＿＿，油耗过＿＿＿，发动机起动时火花塞易＿＿＿＿＿＿＿＿＿＿＿＿＿＿＿；火花塞＿＿＿＿＿＿＿严重；发动机排放＿＿＿＿＿＿＿；三元催化器＿＿＿＿＿＿＿。

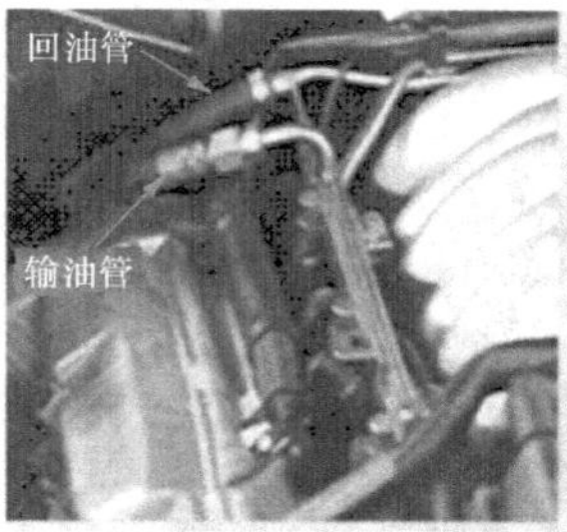

图 9-4　燃油压力调节器位置

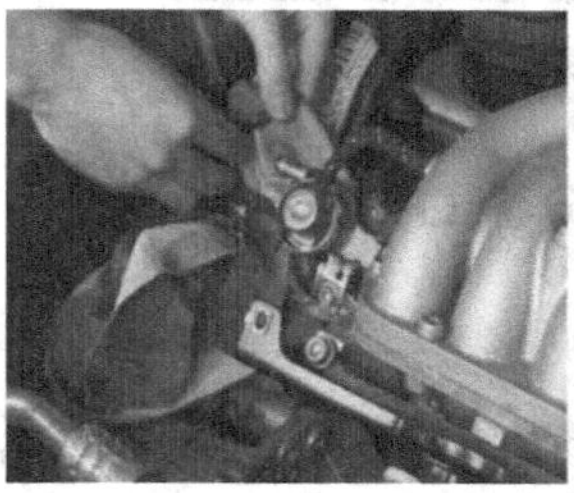

（a）燃油压力调节器失效 　　　　（b）回油管堵塞

图 9-5　燃油压力过高故障原因

（2）燃油压力过低。

原因分析：燃油压力调节器＿＿＿＿＿＿；燃油泵供油＿＿＿＿＿＿；燃油泵进油滤网＿＿＿＿＿＿；管道破损。

现象：起动＿＿＿＿＿＿＿；怠速＿＿＿＿＿＿；运转无力；混合气＿＿＿＿＿＿＿；发动机易＿＿＿＿＿＿＿＿＿。

（3）燃油压力不稳。

原因分析：燃油压力调节器＿＿＿＿＿＿；燃油泵供油＿＿＿＿＿＿或进油滤网＿＿＿＿；燃油泵电路接触＿＿＿＿＿＿＿；燃油滤清器或＿＿＿＿＿＿＿堵塞。

现象：怠速_____；发动机运转_____；加速无力_____

_____。

（4）无燃油压力。

原因分析：燃油泵_____；燃油电路_____；熔丝_____；

_____烧蚀；_____损坏。

现象：车辆不能起动。

（5）输油管漏油。

原因分析：输油管_____；输油管_____。

现象：漏汽油容易引发_____，所以在行车时闻到_____，必须马

上停车检查，排除_____。输油管的拆卸如图9-6所示。

图9-6　输油管的拆卸

·· ◻ 案例分享 ◻ ··

━━━━【故障现象】━━━━

一辆行驶了10万千米的帕萨特汽车，现在每次行驶速度达约100km/h时发动机自动熄火，同时伴有发抖和加速不良的现象，重新起动行驶几千米仍自动熄火。如此反复，行驶距离越来越短。

━━━━【故障诊断】━━━━

1. 使用故障诊断仪对发动机电控系统进行检测，无故障码。

2. 用燃油压力表检测供油系统压力，检测结果为260～295kPa，属正常范围。

3. 汽车在停止状态下，无论怠速、加速、中高速，发动机都能正常连续运转一个多小时。后连接燃油压力表路试，行驶一段时间后发动机熄火，熄火之前燃油压力下降，燃油压力表表针摆动幅度过大，说明故障原因是管路燃油压力过低及燃油压力不稳。在燃油供给系统中对压力有影响的因素有电动油泵、燃油压力调节器、喷油器和管路等。

4. 由于初始燃油压力正常，可以排除喷油器和管路泄压的因素，又由于汽车在静止时发动机长时间运转正常，说明电动燃油泵工作正常，最后判断是燃油压力调节器故障。

【故障排除】

更换燃油压力调节器并进行路试，故障排除。

【故障原因】

1. 燃油压力调节器是一个弹簧加载的膜片压力调节器，它把输油管的压力限定在一定的范围。

2. 发动机熄火后燃油滤清器回路中压力下降到一定值时，弹簧加载的膜片将关闭燃油回路管路，使输油管路中的燃油保持规定压力。

3. 如果调节器的弹簧损坏或者膜片发卡，则就很有可能在发动机大负荷时，燃油管路中的燃油过多回流到燃油箱中，导致车辆大负荷行驶时燃油压力不足，出现上述故障。

【案例总结】

此车在不路试情况下，燃油供给系统压力基本正常。在有负荷、喷油量增大的情况下，进一步测量燃油供给系统的压力。如果燃油压力调节器严重损坏，怠速加不上油，利用燃油压力表很容易就能观察出来。

燃油供给系统中，要定期更换燃油滤清器，定期清洗喷油嘴。同时大多数故障是由于燃油滤清器或喷油嘴顶部滤网堵塞而造成的喷油过少，使发动机在大功率的情况下供油不足。但要注意燃油压力调节器在燃油供给系统中故障率不高，故障检测时容易被忽视。

思考题

1. 如何检测燃油压力？标准值是多少？
2. 燃油压力调节器的作用及检测方法是什么？损坏之后有什么故障现象？
3. 燃油压力调节器安装时有什么注意事项？

任务二　燃油压力检测

_____学时

班级：	组别：	姓名：	掌握程度：□优　□良　□及格 □不及格

实训目的	根据"任务二"的需求，能够掌握燃油压力检测的方法。
安全注意事项	注意个人及设备安全，规范操作。
实训器材	整车（如科鲁兹）、世达工具、燃油压力表、整车防护七件套、故障诊断仪等。
教学组织	每辆车按6位学员（组长1人、主修1人、辅修1人、观察员1人、评分1人、质检1人）作业，循环操作。
操作步骤演示	 微课 燃油压力检测

任务	作业记录内容　☑正确　☒错误
前期准备	□1．护具——整车防护七件套（前翼子板垫/左右翼子板垫/脚垫/转向盘套/座椅套/变速器操作杆套），如图9-7和图9-8所示。（注①）  前翼子板垫　左右翼子板垫 转向盘套　座椅套　脚垫　变速器操作杆套 □图9-7　车外三件套 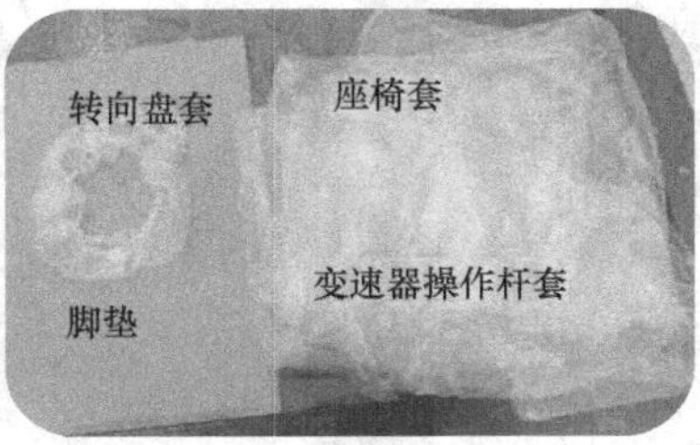　　□图9-8　车内四件套 □2．工具与耗材——整车、世达工具（见图9-9）、燃油压力表（见图9-10）、故障诊断仪等。

注①：准备工作一定注意四到位。1．防护到位；2．工具到位；3．设备到位；4．耗材到位。

.78.

前期准备	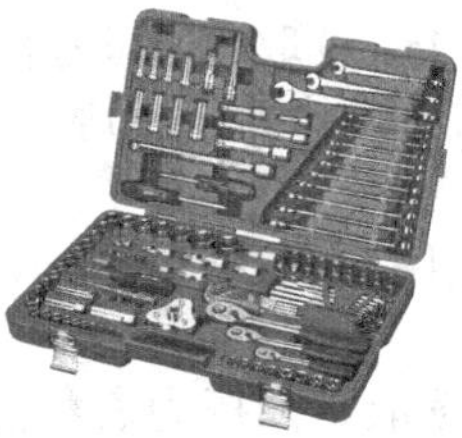 □图9-9　世达工具 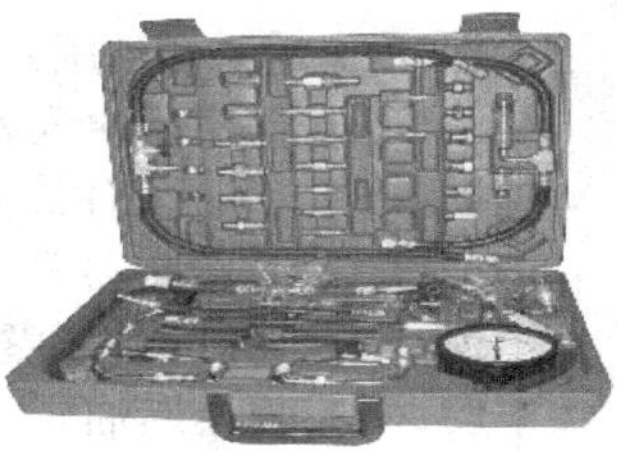　　　　　　　□图9-10　燃油压力表
安全检查	□检查车辆驻车制动器是否拉起及变速杆是否处于空挡。 □检查实训台架及周围是否安全。 □检查现场消防设备。
防护工作	防护工作的操作步骤如图9-11～图9-13所示。  □图9-11　人身防护 　　　□图9-12　车身防护 　　　□图9-13　车内防护
操作流程	（一）操作步骤 步骤一　燃油供给系统泄压 □1．起动车辆对燃油供给系统进行泄压。 □2．拔下燃油泵熔丝（见图9-14）、继电器或者拆下燃油泵供电线束。 □3．自动熄火后，再点火数次，将残压排完，如图9-15所示。  □图9-14　车身用电设备熔丝盒 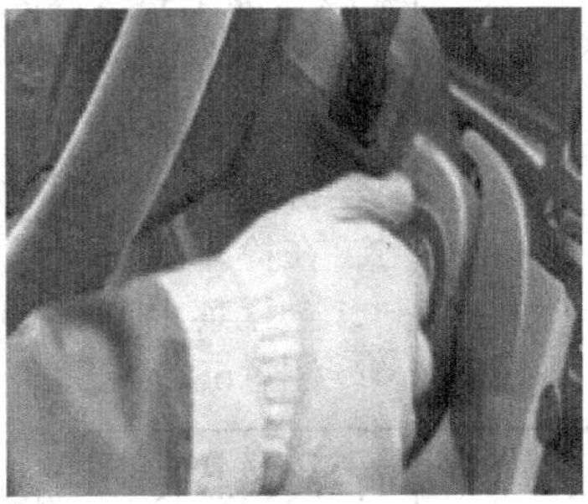　　　　□图9-15　点火数次 步骤二　检测作业 □1．安装燃油压力表。 □2．打开点火开关（不起动发动机），检查燃油管有无漏油。 □3．起动发动机。 □4．测量燃油压力，并做好记录。

操作流程	□（1）静态燃油压力：打开点火开关2～3s，读取燃油压力表数值：_____bar。 □（2）怠速燃油压力：在怠速工况下，读取燃油压力表数值：_____bar，如图9-16所示。（注②） □（3）负载燃油压力：将发动机转速保持在3000r/min，读取燃油压力表数值：_____bar，如图9-17所示。 □（4）残余燃油压力：熄火5min后，读取燃油压力表数值：_____（不得低于_____bar）。  □图9-16　怠速时的燃油压力表值 　　　□图9-17　负载时的燃油压力表值 **步骤三　拆卸燃油压力表及恢复原车** □1．对燃油供给系统进行泄压。 □2．拆卸燃油压力表，将各部件复位。 □3．打开点火开关（不起动发动机，注③），检查燃油管有无漏油。 □4．起动发动机。 □5．着车确认发动机工作正常。 □6．使用故障诊断仪清除泄压时产生的故障码。 □7．验车与交付。（注意6S标准） **（二）注意事项** 1．拆卸燃油管时一定要泄压。 2．在检测前和结束后一定要检查管路有无泄漏。 3．全程禁止吸烟及明火，必须配备灭火器。 4．注意6S操作标准。
验收	1．质检验收（一般项目）。 和客户试车，确认其是否有异议。　　　　　　　　　　　　　是□ 否□ 与施工单对照，检查各项目是否完成。　　　　　　　　　　是□ 否□ 检查发动机舱是否正常。　　　　　　　　　　　　　　　　是□ 否□ 检查工具、设备是否落在车上。　　　　　　　　　　　　　是□ 否□

注②：在发动机工作情况下，不管发动机处于何种工况，燃油压力都不能低于怠速状态下的值。
注③：汽车在打开点火开关时，燃油泵会工作3s，这是为了提高起动时的燃油供给系统残压，缩短起动时间。

验收	2．质检验收（重点项目）。 检查系统接口处是否泄漏。　　　　　　　　是□ 否□ 静态起动，检查发动机仪表指示灯是否正常。　是□ 否□ 怠速、急加速试车，检查是否正常。　　　　　是□ 否□
检查与评估	
6S管理规范 （教师点评）	□整理　□整顿　□清扫　□清洁　□素养　□安全
成绩评定 （学生总结）	小组对本人的评定：□优 □良 □及格 □不及格 学生本次任务成绩：□优 □良 □及格 □不及格

汽车快修快保实训工单（AR版）

专业考核评分表——燃油压力检测

班级：			组别：		组长：		日期：	
技术标准：1. 燃油压力检测流程及操作要求；2. 燃油供给系统泄压流程及操作要求								
序号	作业项目	考核内容		考核标准	分值		扣分	得分
1	准备环节	正确选用工具		选错1次扣1分	5			
2		规范使用工具		不规范使用扣1分				
3		正确选用检测量具		选错1次扣1分	5			
4		正确使用检测量具		用错1次扣1分				
5	拆卸环节	清洁发动机舱		按照标准流程规范拆卸，错1次扣5分	20			
6		燃油供给系统泄压						
7	检测环节	连接检测工具		按照标准流程规范检测，错1次扣5分	30			
8		起动车辆，检测静态油压、怠速油压、负载油压、残余油压情况等						
9		记录并拆卸测量工具						
10	安装环节	燃油供给系统泄压		按照拆卸倒序安装，错1次扣5分	30			
11		清除故障码						
12		起动车辆，检查运转情况						
13		项目实训时间		0~12min 10分 12~14min 5分 >14min 0分	10			
质检员：			评分员：			合计得分		

教师点评：

团队合作：优秀□ 良好□ 及格□ 不及格□　　　分工明确：优秀□ 良好□ 及格□ 不及格□

专业标准：优秀□ 良好□ 及格□ 不及格□　　　操作规范：优秀□ 良好□ 及格□ 不及格□

教师签字：　　　　　　　　　　　　　　　　　　　　　　年　　　月　　　日

注：实训未按规范操作，导致设备损坏或人身伤害，本次考核记0分。

实训项目十   气缸压力

任务一   气缸压力检测认知

_____学时

班级：	组别：	姓名：	掌握程度：□优 □良 □及格 □不及格

一、工作任务

1. 认识气缸压力表。

2. 掌握气缸压力检测的方法。

3. 明确职业技术岗位所需的职业规范和精神，树立社会主义核心价值观。

二、项目认知

发动机气缸压力过低，会造成发动机动力下降，燃油或机油消耗量增加，排放超标，起动困难；发动机气缸压力过高，会造成发动机工作爆燃，起动困难；发动机各缸压力不均，会造成发动机运转粗暴或缺缸。欲判断气缸压力是否正常，就需要对其进行测量。

1. 气缸压力表

（1）气缸压力表套组和表盘如图10-1和图10-2所示。气缸压力表表盘上有黑色数字（外圈）与红色数字（内圈），它们代表的含义不同，黑色数字表示_____

_____；红色数字表示_____。

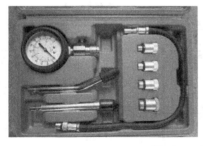 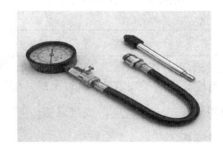

图 10-1   气缸压力表套组

（2）写出kgf/cm²、Pa、MPa、bar、psi这几个压力单位之间的换算关系。

_____

_____

_____

_____

图 10-2   气缸压力表表盘

2. 气缸压力表的使用

（1）用气缸压力表检测气缸压力的操作如图10-3所示。气缸压力表如何组装？如何正确选用气缸压力表的配件？

_____

_____

（2）气缸压力表的检测数值如图10-4所示。气缸压力的正常范围：_____

_____。气缸压力过低的影响：_____；气缸压力过高的影响：

_____。

图10-3　气缸压力表操作

图10-4　气缸压力表的检测数值

（3）哪些情况下需要检测气缸压力？

_____

_____

3. 检查结果分析

（1）当检测值高于规定值10%以上时，表明气缸内可能有_____、_____，或燃烧室内积炭_____，或气缸垫_____，或气缸体、_____磨损过甚。

（2）当检测值低于规定值时，可从火花塞孔或喷油器孔向活塞顶部注入_____，转动曲轴数转后重测，如压力明显上升，表明_____。

（3）如注油后无明显变化，可测相邻气缸的压力，如压力值也_____，可能是相邻两气缸间气缸垫烧穿。如气缸垫未烧穿，则可能是气门或气门座_____，应予拆检。

（4）如气缸完全没有压力，可能原因是气门_____、烧损出现缺口或活塞_____、活塞环黏附在环槽内。气缸压力值在多次测量中出现忽高忽低的变化，可能是因为气门_____。

（5）相邻两缸出现压力偏低现象，而其他缸表现正常，可能是因为相邻两气缸垫＿＿＿＿＿＿＿＿＿＿＿或缸盖螺栓＿＿＿＿＿＿＿＿＿＿＿＿＿＿＿；一个缸或者多个缸同时出现压力读数偏高的情况，这是由于压缩比＿＿＿＿＿＿＿＿＿＿＿＿＿＿＿＿＿＿＿＿造成的。

□ 案例分享 □

——【故障现象】——

一辆 2012 年进口大众高尔夫轿车，行驶里程约 10.9 万千米。客户反映该车发动机故障灯亮，发动机有抖动现象，于是将车子开到附近的 4S 店。

——【故障诊断】——

接车后维修人员先对该车进行初步诊断，连接故障诊断仪并读取故障码，显示为"0001 P0303 气缸 3 失火"。

根据故障码和维修经验初步判断，故障可能是点火线圈或者火花塞损坏引起的。拆下火花塞检查，发现 3 缸火花塞上有黑色沉积物，显然是点火不良造成的。因此，在更换火花塞后，为了排除点火线圈故障，将 2 缸和 3 缸点火线圈互换了一下。装好后起动发动机试车，发动机抖动现象消失，怠速很平稳，路试 5km 后一切正常。

交车后第二天此车再次出现问题，客户反映还是原来的故障，连接故障诊断仪读取故障码，还是显示"0001 P0303 气缸 3 失火"。随后维修人员读取数据流观察 3 缸失火记录。

根据故障码和数据流分析，故障还是出在 3 缸，之前 2 缸和 3 缸点火线圈互换过，所以可以排除点火线圈和火花塞故障，那么故障原因可能是气缸压力或者喷油器。

维修人员用气缸压力表测量每个缸的压力，1 缸数据显示为 1080kPa，2 缸数据显示为 1040kPa，3 缸数据显示为 640kPa，4 缸数据显示为 1140kPa。查询 ELSA（电子服务信息查询系统），数据异常。

分解发动机，发现 3 缸活塞环槽上部裂了一条缝。维修人员用手去拨动检查，直接就掉下来一块断裂体。至此可以确定故障原因是 3 缸活塞损坏导致气缸压力不足。为了彻底排除故障隐患，再对气门状况进一步检测，用汽油浸泡法检查，未发现渗漏，气门边缘也没有发现损伤，检查气缸壁，发现光滑无痕迹。

——【故障排除】——

从以上检测结果可以排除其他的原因，确认故障是活塞损坏导致。维修人员更换了一套活塞和活塞环，装复试车后，检测气缸压力均在 1300kPa 以上。路试，该车动力正常，数据流一切正常，故障排除。

——【故障原因】——

活塞环起到一定的密封作用，当活塞环损坏后，在压缩行程中，大量气体窜入到曲轴箱，导致曲轴箱压力增大，气缸压力不足。

造成气缸压力不足的原因可能有：①气门关闭不严；②气门导管及油封磨损；③活塞环断

裂或卡滞；④活塞损坏；⑤缸壁磨损。

【案例总结】

　　气缸压力检测主要是检查活塞环、气门及燃烧室的密封质量。发动机气缸压力过低，会使发动机动力下降，燃油或机油消耗量增加，排放超标，起动困难；发动机气缸压力过高，会使发动机爆燃，起动困难；发动机各缸压力不均，会使发动机运转粗暴，或缺缸。出现上述故障现象时应对发动机进行气缸压力检测。通过发动机气缸压力检测，分析诊断发动机气缸的密封性和进、排气系统是否通畅，并辅以其他检测和分析查找出故障点，以确定需要进行哪方面的维修。

任务二　气缸压力检测

_____学时

班级：	组别：	姓名：	掌握程度：□优　□良　□及格 □不及格
实训目的	根据"任务二"的需求，能够掌握气缸压力检测的方法。		
安全注意 事项	注意个人及设备安全，规范操作，严格执行6S管理。		
实训器材	整车（如科鲁兹）、世达工具、气缸压力表、整车防护七件套、火花塞专用套筒、毛巾等。		
教学组织	每辆车按6位学员（组长1人、主修1人、辅修1人、观察员1人、评分1人、质检1人）作业，循环操作。		
操作步骤 演示		 微课 气缸压力检测	

任务	作业记录内容　☑正确　☒错误
前期准备	□ 1. 护具——整车防护七件套（前翼子板垫/左右翼子板垫/脚垫/转向盘套/座椅套/变速器操作杆套），如图10-5和图10-6所示。（注①）  前翼子板垫　左右翼子板垫 转向盘套　座椅套　脚垫　变速器操作杆套 □图10-5　车外三件套 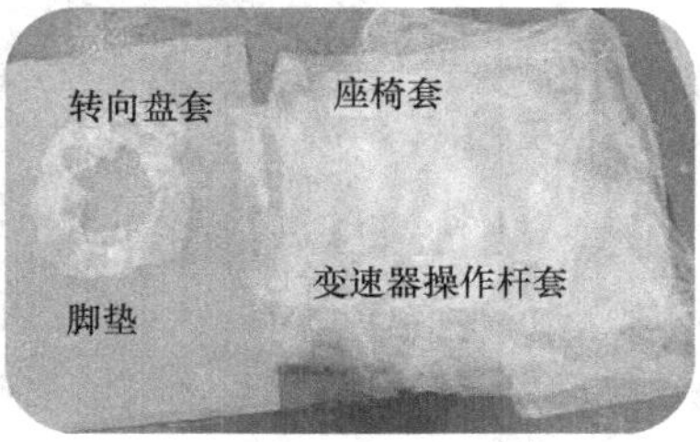　　　　□图10-6　车内四件套 □ 2. 工具与耗材——整车、世达工具（见图10-7）、气缸压力表（见图10-8）、火花塞专用套筒、毛巾等。

注①：准备工作一定注意四到位。1. 防护到位；2. 工具到位；3. 设备到位；4. 耗材到位。

前期准备	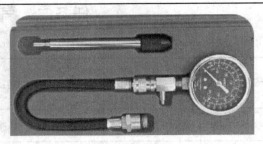 □图 10-7　世达工具　　　　　　　　□图 10-8　气缸压力表
安全检查	□检查车辆驻车制动器是否拉起及变速杆是否处于空挡。 □检查实训台架及周围是否安全。
防护工作	防护工作的操作步骤如图10-9～图10-11所示。 □图 10-9　人身防护　　　□图 10-10　车身防护　　　□图 10-11　车内防护
操作流程	**（一）操作步骤（以雪佛兰科鲁兹为例）** **步骤一　拆卸火花塞** □ 1．打开发动机舱盖，拆下点火线圈护板（见图10-12），拔下点火线圈插头。用套筒扳手拆卸点火线圈固定螺栓，如图10-13所示。拆下点火线圈。（注②） 　　　　　 □图 10-12　拆卸点火线圈护板　　　□图 10-13　拆卸点火线圈固定螺栓 □ 2．用火花塞专用套筒拆卸火花塞，如图10-14所示。取下火花塞后，需用毛巾覆盖火花塞孔，防止异物或灰尘掉入气缸，如图10-15所示。

注②：雪佛兰科鲁兹轿车点火方式为单缸独立点火，并且4个点火线圈是一体的。

□图 10-14　拆卸火花塞　　　　　　　　□图 10-15　毛巾覆盖

　　火花塞专用套筒跟普通套筒相比有什么区别？火花塞专用套筒有哪几种型号？

_____

_____

步骤二　检测气缸压力

□ 1．将气缸压力表装至火花塞安装孔内，起动发动机3～5s，读取气缸压力表测得的气缸压力并记录，测量3～4次，取平均值，如图10-16所示。将检测值填入表10-1。

　　为什么要测量3～4次取平均值？

_____

_____

□ 2．根据测量结果，分析气缸是否存在故障，如有，分析其排除方法，填入表10-2。

操作流程

□图 10-16　读取气缸压力表检测值

表10-1　　　　　　　　　　　　气缸压力检测值

测量次数	第一次	第二次	第三次	第四次
测量数值				

□ 3．气缸压力检测结束后，按照与拆卸相反的步骤进行安装，将火花塞轻轻放入气缸用手拧紧，然后用扭力扳手按照标准力矩拧紧。（注③）

注③：不同车型拧紧力矩不同，一般范围是在25～30 N·m。

	表10-2	故障分析

故障	问题处理	故障范围
一个气缸压力不足		
相邻两个气缸压力不足		

操作流程

（二）注意事项

1．取下火花塞后，需用毛巾覆盖火花塞孔，防止异物或灰尘掉入气缸。

2．正确组装气缸压力表。

3．选用专用工具拆卸火花塞。

（三）技术要求

1．火花塞拧紧力矩应符合要求。

2．气缸压力应正常。

3．点火线圈插头安装到位。

验收

1．质检验收（一般项目）。

同客户试车，确认其是否有异议　　　　　　　　　　　是□ 否□

和施工单对照，检查各项目是否完成。　　　　　　　　是□ 否□

检查工具、设备是否落在车上。　　　　　　　　　　　是□ 否□

2．质检验收（重点项目）。

检查火花塞安装力矩是否符合要求。　　　　　　　　　是□ 否□

检查点火线圈是否安装到位。　　　　　　　　　　　　是□ 否□

检查发动机是否运转正常。　　　　　　　　　　　　　是□ 否□

检查仪表板上是否有报警灯点亮。　　　　　　　　　　是□ 否□

检查与评估

6S管理规范 （教师点评）	□整理　　□整顿　　□清扫　　□清洁　　□素养　　□安全
成绩评定 （学生总结）	小组对本人的评定：□优 □良 □及格 □不及格 学生本次任务成绩：□优 □良 □及格 □不及格

专业考核评分表——气缸压力检测

班级：	组别：	组长：	日期：

技术标准：1. 点火系统拆装流程及操作要求；2. 气缸压力检测流程及操作要求

序号	作业项目	考核内容	考核标准	分值	扣分	得分
1	准备环节	正确选用工具	选错1次扣1分	5		
2		规范使用工具	不规范使用扣1分			
3		正确选用检测量具	选错1次扣1分	5		
4		正确使用检测量具	用错1次扣1分			
5	拆卸环节	清洁发动机舱	按照标准流程规范拆卸，错1次扣5分	25		
6		拆卸点火线圈的附件				
7		拆卸点火线圈				
8		拆卸火花塞				
9	检测环节	连接检测工具	按照标准流程规范检测，错1次扣5分	30		
10		起动车辆并检测				
11		记录检测值并拆卸测量工具				
12	安装环节	安装火花塞	按照拆卸倒序安装，错1次扣5分	25		
13		安装点火线圈				
14		项目实训时间	0～12min　10分 12～14min　5分 >14min　0分	10		

质检员：	评分员：	合计得分	

教师点评：

团队合作：优秀□ 良好□ 及格□ 不及格□　　　**分工明确**：优秀□ 良好□ 及格□ 不及格□

专业标准：优秀□ 良好□ 及格□ 不及格□　　　**操作规范**：优秀□ 良好□ 及格□ 不及格□

教师签字：　　　　　　　　　　　　　　　年　　月　　日

注：实训未按规范操作，导致设备损坏或人身伤害，本次考核记0分。

实训项目十一　三元催化器

任务一　三元催化器免拆清洗认知

_____学时

班级：	组别：	姓名：	掌握程度：□优　□良　□及格 □不及格

一、工作任务

1. 认识三元催化器。
2. 认识免拆清洗设备。
3. 培养良好的职业素养和安全意识，树立正确的劳动观点和劳动态度，养成劳动习惯。

二、项目认知

三元催化器是安装在汽车排气系统中最重要的机外净化装置之一，在正常工作时它可将汽车尾气排出的CO（一氧化碳）、HC（碳氢化合物）和NO_x（氮氧化合物）等有害气体通过氧化和还原作用转变为无害的CO_2（二氧化碳）、H_2O（水）和N_2（氮气）。使用一定时间后，若三元催化器脏堵，就要对其进行清洗来达到原来应有的效果。

1. 整体认识三元催化器

（1）用笔在图11-1～图11-3中标出三元催化器的位置。

图11-1　排气歧管一　　　图11-2　排气管　　　图11-3　排气歧管二

（2）根据图11-4所示内容，简要描述三元催化器的作用。

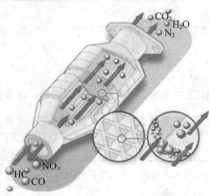

图11-4　三元催化器工作原理

三元催化器的作用：_____。

进入到三元催化器的气体是_____，它是_____毒的；催化过后的气体是

_____，它是_____毒的。

（3）三元催化器内有哪些材料实现了气体从有毒到无毒的转化？

_____

_____

（4）图11-5～图11-7所示为损坏的三元催化器，什么原因会导致这些现象？

_____

_____

_____

图 11-5　三元催化器内部损坏一　　图 11-6　三元催化器内部损坏二　　图 11-7　三元催化器内部损坏三

2. 三元催化器的清洗

（1）图11-8（a）所示的三元催化器是什么状态？是否需要清洗？

_____。

图11-8（b）所示的三元催化器是什么状态？是否需要清洗？

_____。

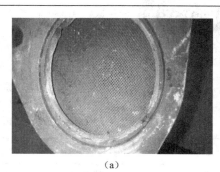　　　　　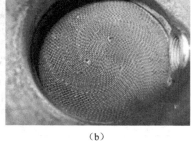

（a）　　　　　　　　　　　　（b）

图 11-8　三元催化器内部图

（2）长时间不清洗三元催化器或者三元催化器损坏对汽车有什么影响？

_____

（3）三元催化器清洗前后（见图11-9）对发动机各有怎样的影响？

清洗前：_____。

清洗后：_____。

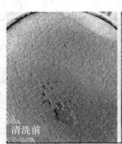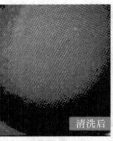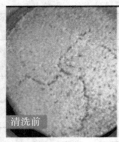

图 11-9　三元催化器清洗前后对比

3．免拆清洗设备

（1）将免拆清洗设备的部件名称填入图11-10的方框中。它们各有什么作用？

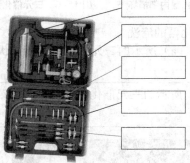

图 11-10　免拆清洗设备

（2）一套免拆清洗设备内有许多的部件，应该怎样正确选用？结合图11-11简要描述如何连接免拆清洗设备。

（3）免拆清洗设备除了能够清洗三元催化器之外还有什么作用？

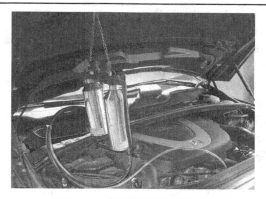

图 11-11　免拆清洗设备工作情况

4．三元催化器价格

三元催化器内部有几种贵金属，它们分别是什么？在图11-12中的哪个部位上？

_____

_____

列举不同车型上的三元催化器的大概价格。（不低于3个车型）

_____

_____

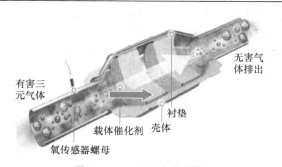

图 11-12　三元催化器结构

有害三元气体

无害气体排出

载体催化剂　壳体

衬垫

氧传感器螺母

5．三元催化器清洗剂

三元催化器清洗剂的品牌及价位有哪些？

_____

_____

□ 案例分享 □

【故障现象】

一辆 2008 年生产的广汽本田雅阁轿车，行驶里程约 10 万千米。用户反映该车发动机故障灯点亮。

【故障诊断】

　　维修人员通过故障诊断仪读取故障码，故障码为 P0420，三元催化器效率低于限值。将故障码清除后试车，10min 后故障灯再次点亮，故障码依旧。

　　读取发动机在怠速运转时的数据流，在发动机转速、节气门开度和空燃比传感器数值都稳定的前提下，后氧传感器的数值与前氧传感器数值不停波动。该款车辆后氧传感器的作用主要是监测三元催化器的工作情况，信号应该比较稳定。前氧传感器的作用主要是反馈混合气浓度，信号应该波动较大。

　　根据上述分析判断是三元催化器故障。

【故障排除】

　　进行三元催化器免拆清洗，查看数据流，后氧传感器的信号变为稳定状态，且故障灯未再点亮。确认故障已彻底排除。

【故障原因】

　　当三元催化器因堵塞或过脏导致失效时，前、后氧传感器信号都会波动较大。

【案例总结】

三元催化器堵塞或过脏导致失效时，车辆会出现的状况有以下几方面。
1. 发动机动力性能下降，燃油消耗增加。
2. 排气通道阻力增大，排放恶化。
3. 发动机混合气浓度混乱，点火困难或燃烧不完全。
4. 发动机过热，发动机无力并有异响，尾气难闻。

任务二 三元催化器免拆清洗

_____学时

班级：	组别：	姓名：	掌握程度：□优　□良　□及格 □不及格

实训目的	根据"任务二"的需求，能够掌握三元催化器免拆清洗的方法。
安全注意事项	注意个人及设备安全，规范操作，严格执行6S管理。
实训器材	整车（如科鲁兹）、世达工具、免拆清洗设备、三元催化器清洗剂、整车防护七件套、灭火器、软布等。
教学组织	每辆车按6位学员（组长1人、主修1人、辅修1人、观察员1人、评分1人、质检1人）作业，循环操作。

操作步骤演示	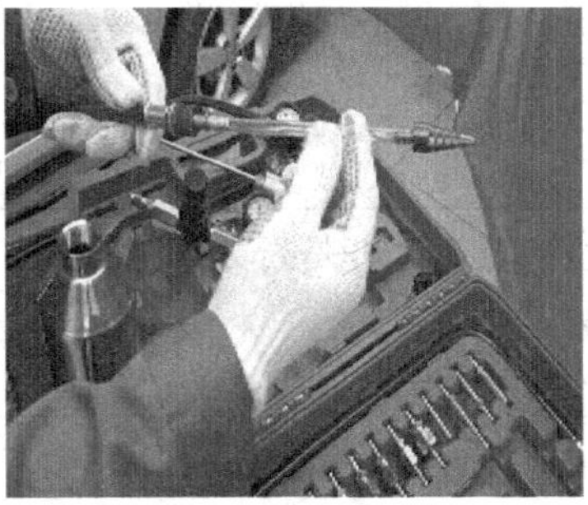

微课

三元催化器免拆清洗

任务	作业记录内容 ☑正确 ☒错误

前期准备

□ 1. 护具——整车防护七件套（前翼子板垫/左右翼子板垫/脚垫/转向盘套/座椅套/变速器操作杆套），如图11-13和图11-14所示。（注①）

前翼子板垫　左右翼子板垫

□图 11-13　车外三件套

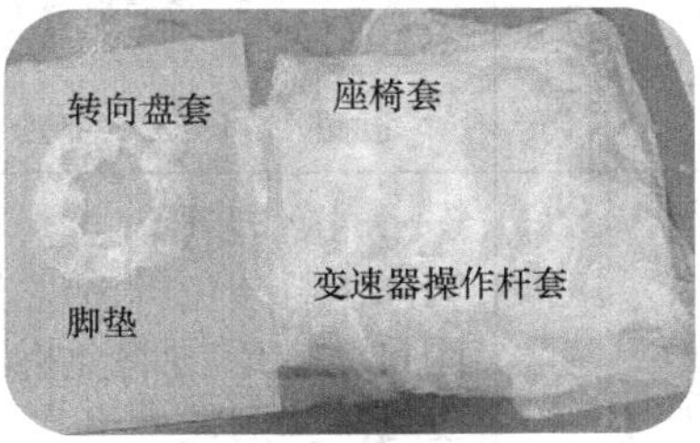

转向盘套　座椅套　脚垫　变速器操作杆套

□图 11-14　车内四件套

□ 2. 工具及耗材——整车、三元催化器清洗剂（见图11-15）、免拆清洗设备（见图11-16）、世达工具（见图11-17）、灭火器（见图11-18）、软布等。

注①：准备工作一定注意四到位。1. 防护到位；2. 工具到位；3. 设备到位；4. 耗材到位。

前期准备	 □图 11-15　三元催化器清洗剂 　　□图 11-16　免拆清洗设备 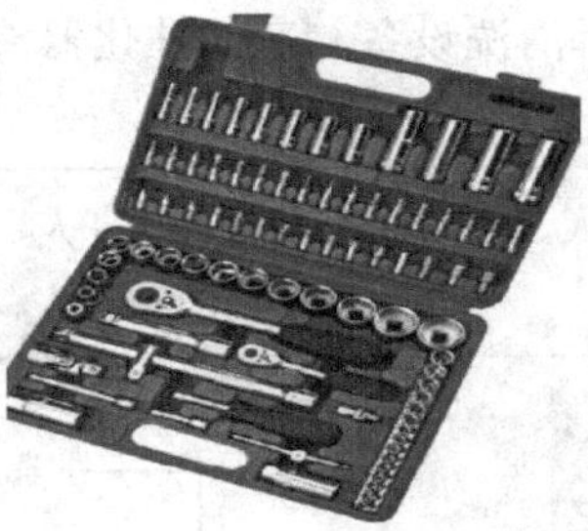 □图 11-17　世达工具 　　□图 11-18　灭火器
安全检查	□检查车辆驻车制动器是否拉起及变速杆是否处于空挡。 □检查实训台架及周围是否安全。 □检查现场消防设备。
防护工作	防护工作的操作步骤如图11-19～图11-21所示。  □图 11-19　人身防护 　　□图 11-20　车身防护 　　□图 11-21　车内防护
操作流程	（一）操作步骤 □ 1．组装免拆清洗设备。将三元催化器清洗剂与汽油倒入免拆清洗设备（见图11-22），并将免拆清洗设备固定在发动机舱盖锁扣上。 □ 2．找到发动机真空管并拆下，将真空管连接至清洗设备出液口并紧固，如图11-23和图11-24所示。 　真空管在车上的哪个位置？真空度来自哪里？ _____ _____

操作流程	 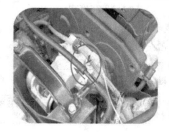  □图 11-22　加注清洗剂　　□图 11-23　找到真空管　　□图 11-24　连接免拆清洗设备 □ 3．起动发动机，开始清洗，通过调整阀门开度来调整出液速度。大约30min后，清洗快结束时踩加速踏板使发动机转速至2000～3000r/min，如图11-25所示。 　　为什么清洗快结束时踩加速踏板使发动机转速至2000～3000r/min？ _____ _____   □图 11-25　发动机运转中 □ 4．清洗完成后拆下免拆清洗设备，安装真空管。 □ 5．使发动机怠速运转，看发动机是否抖动，确认发动机工作正常。 （二）注意事项 1．拆真空管路时，先对真空管进行预松动。 2．一定要控制清洗剂吸入发动机的流量。 3．装回真空管时一定要检查是否到位或有无破损。 4．清洗剂是可燃气体，一定要注意防火，配备灭火器。 （三）技术要求 1．安装免拆清洗设备时要选用合适的接头。 2．清洗结束时要将排气管内的污垢排出。 3．免拆清洗的操作步骤要正确。
验收	1．质检验收（一般项目）。 同客户试车，确认其是否有异议。　　　　　　　　　　　是□ 否□ 与施工单对照，检查各项目是否完成。　　　　　　　　是□ 否□ 检查真空管是否连接到位。　　　　　　　　　　　　　是□ 否□

验收	检查工具、设备是否落在车上。	是☐ 否☐
	2．质检验收（重点项目）。	
	检查尾气是否达标。	是☐ 否☐
	检查仪表板上是否有报警灯点亮。	是☐ 否☐
	检查发动机是否能正常起动。	是☐ 否☐

检查与评估		
6S管理规范 （教师点评）	☐整理　☐整顿　☐清扫　☐清洁　☐素养　☐安全	
成绩评定 （学生总结）	小组对本人的评定：☐优 ☐良 ☐及格 ☐不及格 学生本次任务成绩：☐优 ☐良 ☐及格 ☐不及格	

专业考核评分表——三元催化器免拆清洗

班级：		组别：	组长：	日期：		

技术标准：1. 三元催化器免拆清洗流程；2. 清洗后的检查要求

序号	作业项目	考核内容	考核标准	分值	扣分	得分
1	准备环节	正确选用工具	选错1次扣1分	5		
2		正确使用工具	用错1次扣1分	5		
3	清洗环节	免拆清洗设备的组装与调试	按照标准流程规范操作，错1次扣5分	10		
4		加注清洗剂和汽油		10		
5		拆下真空管，连接免拆清洗设备		5		
6		起动发动机，保持发动机运转速度2000r/min		10		
7		清洗，直到排气管冒白烟	调整不当（不冒白烟或抖动厉害）扣10分	15		
8	装复环节	怠速运转3～5min，加大节气门开度，排除清洗物	按照拆卸倒序安装，错1次扣2分，不检查扣10分	15		
9		安装真空管，确认发动机工作正常		15		
10		项目实训时间	0～20min 10分 20～22min 5分 >22min 0分	10		

质检员：		评分员：		合计得分	

教师点评：

团队合作：优秀□ 良好□ 及格□ 不及格□　　　**分工明确**：优秀□ 良好□ 及格□ 不及格□

专业标准：优秀□ 良好□ 及格□ 不及格□　　　**操作规范**：优秀□ 良好□ 及格□ 不及格□

教师签字：	年 月 日

注：实训未按规范操作，导致设备损坏或人身伤害，本次考核记0分。

实训项目十二 —— 空调制冷剂

任务一　空调制冷剂加注认知

_____学时

班级：	组别：	姓名：	掌握程度：□优　□良　□及格 □不及格

一、工作任务

1．掌握制冷剂加注的方法。

2．了解加注制冷剂所需设备及材料。

3．培养较强的法律、安全、质量、效率及环保意识，具备严谨的工程技术思维和工匠精神。

二、项目认知

汽车空调制冷效果不好，多数情况是由制冷剂不足所致，操作时往往需要在检查并确认无泄漏后加注制冷剂。为什么要加注制冷剂？如何解决客户的困惑并排除故障？针对这些问题，我们需要掌握一定的技能、知识和沟通技巧。

1．空调制冷系统

在图12-1的方框中标注空调制冷系统各部件的名称。写出制冷剂循环的4个主要过程。

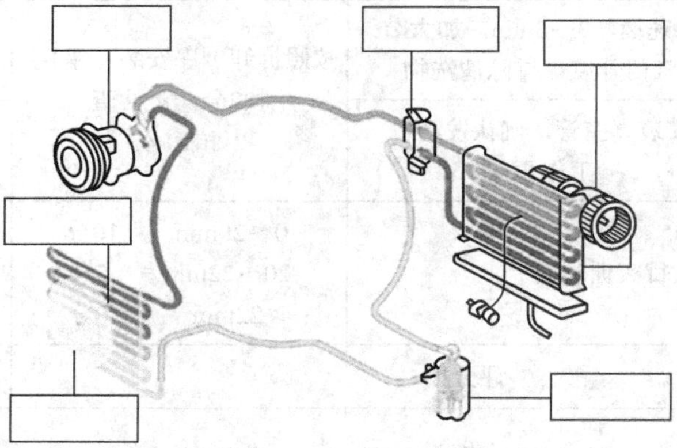

图 12-1　空调制冷系统示意图

（1）_____。

（2）_____。

（3）_____。

（4）_____。

2．制冷剂的加注流程

常见的检查制冷剂是否泄漏的方法有哪些？各自有什么特点？

_____

_____

_____　　。

在图12-2中将制冷剂的加注流程补充完整。

3．制冷剂

制冷剂如图12-3所示。结合制冷原理并查阅资料简述制冷剂的作用和特性。

制冷剂的作用：_____　。

制冷剂的特性：_____　。

图 12-2　制冷剂加注流程　　　　　　　　　　　图 12-3　制冷剂

4．空调压力表

将空调压力表的各部分名称填写到图12-4的方框内。

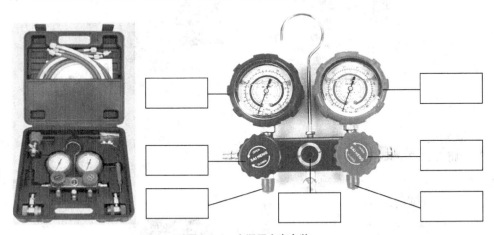

图 12-4　空调压力表套装

5．高、低压管路

（1）将图12-5中所指部位的名称填入方框中。

（2）空调压力表的高、低压管连接到哪里？_____

（3）空调高、低压加注口如何区分？_____

（4）压力表如何连接到空调高、低压加注口？_____

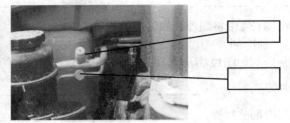

图12-5 空调高、低压加注口位置

6. 冷冻油

（1）冷冻油（见图12-6）在空调制冷系统中有哪些作用？

_____

_____。

（2）R134a制冷剂与R12冷冻油是否通用？为什么？

_____

_____。

图12-6 冷冻油

7. 真空泵

（1）将图12-7中按钮的名称填入方框中。

图12-7 真空泵

（2）真空泵上的打气与吸气功能分别在什么情况下采用？

_____

_____

8．制冷剂品牌

列举常见的制冷剂品牌及大概价格。

_____

_____ 。

□ **案例分享** □

━━━━━ 【故障现象】━━━━━

一辆 2012 年生产的本田 CR-V 汽车空调不制冷。起动发动机，打开空调开关，出风口温度为室外温度，于是将车辆开到附近的 4S 店进行检查。

━━━━━ 【故障诊断】━━━━━

1．维修人员接车后试车，起动发动机，打开空调开关，发现空调压缩机电磁离合器不吸合。用空调压力表检测空调系统制冷剂压力，高、低压侧制冷剂压力均低于 100 kPa。

2．对空调系统进行加压、保压测试，发现空调系统存在泄漏。继续给空调系统加压，然后用肥皂水检测空调系统各管路的连接状况，发现高、低压管与膨胀阀的连接处有漏气现象。

3．更换 O 形圈，将管路恢复连接后再次加压，压力能够保持。

━━━━━ 【故障排除】━━━━━

抽真空、加注制冷剂后试车，故障排除。

━━━━━ 【故障原因】━━━━━

1．O 形圈损坏后，制冷剂发生泄漏，汽车空调管路内压力下降，当压力降低至一定值后，低压开关自动断开，切断压缩机的工作，以防损坏压缩机。所以制冷剂泄漏后，压缩机无法工作，空调不制冷。

2．导致空调不制冷的其他原因如下所述。

（1）高低压组合开关损坏。高低压组合开关损坏后，即使管路中压力足够，压缩机也无法工作，空调不制冷。

（2）压缩机电磁离合器损坏。电磁离合器损坏后，发动机动力不能传递到压缩机内部，制冷剂无法循环。

（3）冷凝器及风扇状态不良。如果冷凝器散热片被尘土覆盖，或冷凝器风扇运转不正常等，冷凝器的效率就会大大降低。

【案例总结】

制冷剂液量的检查方法如下。

1. 如通过观察窗看到大量气泡，说明制冷剂不足。
2. 检查各装置连接处和接缝是否有油污，若有则表明该处有制冷剂泄漏。
3. 可用检漏仪检测制冷剂泄漏情况。
4. 用空调压力表检测制冷剂泄漏情况。

任务二　空调制冷剂加注

_____学时

班级：	组别：	姓名：	掌握程度：□优　□良　□及格 □不及格
实训目的		根据"任务二"的需求，能够掌握制冷剂加注的方法。	
安全注意 事项		注意个人及设备安全，规范操作，严格执行6S管理。	
实训器材		整车（如科鲁兹）、世达工具、真空泵、空调压力表、开瓶器、电子检漏仪、制冷剂、冷冻油、温度仪、整车防护七件套等。	
教学组织		每辆车按6位学员（组长1人、主修1人、辅修1人、观察员1人、评分1人、质检1人）作业，循环操作。	

操作步骤 演示	微课 空调制冷剂加注

任务	作业记录内容　☑正确　☒错误

前期准备	□ 1. 护具——整车防护七件套（前翼子板垫/左右翼子板垫/脚垫/转向盘套/座椅套/变速器操作杆套），如图12-8和图12-9所示。（注①） 前翼子板垫　左右翼子板垫　　转向盘套　座椅套　脚垫　变速器操作杆套 □图12-8　车外三件套　　　□图12-9　车内四件套 □ 2. 工具及耗材——整车、世达工具、真空泵（见图12-10）、空调压力表（见图12-11）、开瓶器（见图12-12）、电子检漏仪（见图12-13）、温度仪（见图12-14）、制冷剂（见图12-15）、冷冻油（见图12-16）等。

注①：准备工作一定注意四到位。1. 防护到位；2. 工具到位；3. 设备到位；4. 耗材到位。

前期准备	 □图 12-10 真空泵　　　　　□图 12-11 空调压力表  □图 12-12 开瓶器　　□图 12-13 电子检漏仪　　□图 12-14 温度仪  □图 12-15 制冷剂　　　　　□图 12-16 冷冻油
安全检查	□检查车辆驻车制动器是否拉起及变速杆是否处于空挡。 □检查实训台架及周围是否安全。
防护工作	防护工作的操作步骤如图12-17～图12-19所示。  □图 12-17 人身防护　　□图 12-18 车身防护　　□图 12-19 车内防护

（一）操作步骤

步骤一 空调系统检查

□ 1．用温度仪检测出风口温度。打开电子检漏仪开关，调整灵敏度，将电子检漏仪放在制冷系统常漏部位，当有制冷剂泄漏时，电子检漏仪会发出"滴滴"声报警，如图12-20所示。

□图 12-20 电子检漏仪检漏

□ 2．泄压。组装空调压力表，右侧软管接空调管路高压加注口，左侧软管接空调管路低压加注口，中间软管一端接带水的瓶子，如图12-21所示。打开低压手动阀门放出制冷剂，如图12-22所示。

右侧软管与左侧软管连接位置是否能调换？为什么？

操作流程

_____

□图 12-21 连接空调压力表　　　□图 12-22 放出制冷剂

□ 3．抽真空。中间软管连接真空泵吸气口，如图12-23所示。打开空调压力表上的高、低压阀门，打开电源开关（见图12-24），起动真空泵，使高、低压管路都抽成负压，抽真空时间为20min以上。抽真空结束后先关闭高、低压阀门，再关闭真空泵，然后拆下中间软管。

抽真空的目的是什么？抽真空的时间需要那么长吗？为什么？

_____

_____

□图 12-23　中间软管连接真空泵吸气口

□图 12-24　打开电源开关

步骤二　加注冷冻油和制冷剂

□ 1.　加注冷冻油。将适量冷冻油倒入量杯中，将中间软管插入量杯中，如图 12-25所示。打开空调压力表低压手动阀，冷冻油被真空吸入到系统中。

操作流程

□图 12-25　加注冷冻油

□ 2.　高压管路加注制冷剂。加注冷冻油后需要重新抽真空。中间软管连接开瓶器与制冷剂罐，拧下旋针打开制冷剂罐，制冷剂罐头向下，按压空调压力表上的放气阀进行放气，如图12-26所示。打开高压阀，从高压侧加入液态制冷剂，如图12-27所示。

□图 12-26　放气

□图 12-27　打开高压阀加注液态制冷剂

□ 3.　当高、低压表的压力达到平衡不再上升时，关闭高压阀，让制冷剂罐头向上，停5min以上。

<table>
<tr>
<td>操作流程</td>
<td>

按压空调压力表上的放气阀进行放气，已经抽成真空了，空气从何处来的？如果不放气对空调有什么影响？

_____

_____。

□ 4．低压管路加注制冷剂。起动发动机，打开空调，将鼓风机风速调至最大，温度调到最低，如图12-28和图12-29所示。制冷剂罐头向上，按压空调压力表上的放气阀进行放气。打开低压阀，从低压侧加入气态制冷剂，如图12-30所示。

低压加注气态制冷剂时制冷剂罐要正立，倒立是否可以？为什么？对空调制冷系统有什么影响？

_____

_____

□图12-28　起动发动机　　　□图12-29　打开空调　　　□图12-30　打开低压阀
　　　　　　　　　　　　　　　　　　　　　　　　　　　　　　　　加入气态制冷剂

步骤三　检测加注效果

□ 1．用电子检漏仪检测制冷剂是否泄漏。观察压力表检测到的系统压力，用手感受制冷效果，用温度仪检测出风口温度，如图12-31～图12-33所示。

□图12-31　观察系统压力　　　　　　□图12-32　用手感受制冷效果

□图12-33　检测出风口温度

</td>
</tr>
</table>

操作流程	□2．将检测结果填入表12-1中。

<table>
<tr><td colspan="4">表12-1　　　　　　　　　　　　　检测数据</td></tr>
<tr><td>测量项目</td><td>低压压力</td><td>高压压力</td><td>温度</td></tr>
<tr><td>测量的参数</td><td></td><td></td><td></td></tr>
</table>

□3．根据检测结果分析空调系统可能出现的问题，填入表12-2中。

<table>
<tr><td colspan="4">表12-2　　　　　　　　　　　　　分析结果</td></tr>
<tr><td>比较数值</td><td>低压偏高</td><td>高压偏高</td><td>高、低压都高</td></tr>
<tr><td>分析可能的问题</td><td></td><td></td><td></td></tr>
</table>

（二）注意事项

1．在加注制冷剂之前加注冷冻油。

2．抽真空时间不低于20min。

3．高压加注时禁止打开点火开关，禁止打开空调开关。

4．制冷剂加注量要合适，不能过多或过少。

（三）技术要求

1．空调压力的正常值：低压为0.15～0.25MPa；高压为1.4～1.6MPa。

2．空调出风口温度低于8℃。

3．低压加注时，发动机转速在1200～1500r/min；鼓风机转速调到最大；温度调到最低。

4．加注制冷剂的量符合标准。

验收	1．质检验收（一般项目）。 同客户试车，确认其是否有异议。　　　　　　　　　　是□　否□ 与施工单对照，检查各项目是否完成。　　　　　　　是□　否□ 检查工具、设备是否落在车上。　　　　　　　　　　是□　否□ 检查空调控制面板操作功能是否正常。　　　　　　　是□　否□ 检查出风口风速是否符合要求。　　　　　　　　　　是□　否□ 2．质检验收（重点项目）。 检查制冷效果是否符合要求。　　　　　　　　　　　是□　否□ 检查制冷剂加注量是否符合要求。　　　　　　　　　是□　否□ 检查压缩机能否正常工作。　　　　　　　　　　　　能□　否□ 检查高、低压管路压力是否符合要求。　　　　　　　是□　否□

检查与评估	
6S管理规范 （教师点评）	□整理　□整顿　□清扫　□清洁　□素养　□安全
成绩评定 （学生总结）	小组对本人的评定：□优　□良　□及格　□不及格 学生本次任务成绩：□优　□良　□及格　□不及格

专业考核评分表——空调制冷剂加注

班级：		组别：	组长：	日期：		
技术标准：1. 空调制冷系统的检测流程及要求；2. 加注制冷剂后的效果测试要求						
序号	作业项目	考核内容	考核标准	分值	扣分	得分
1	准备环节	正确选用工具/量具	选错1次扣1分	5		
2		正确使用工具/量具	用错1次扣1分	5		
3	加注环节	空调制冷效果检查	未用仪器对出风口检查并做出判断的，扣5分	5		
4		空调泄漏检查	未检查泄漏的或泄漏判断不正确的扣5分	10		
5		制冷剂回收或排放	不回收制冷剂或直接对空气排放制冷剂的，扣10分	10		
6		抽真空	接口连接不正确，真空度不够的，各扣5分	10		
7		加注冷冻油	加注冷冻油量不正确的扣5分，未加注的扣10分	10		
8		加注制冷剂	加注方法错误的扣10分	10		
9		制冷剂加注量判断	未根据压力表判断制冷剂量的，扣3分；压力测试不正确的扣3分	5		
10	检查环节	管道检漏	不检查扣5分	10		
11		检测加注效果	出风口温度检测（5～10℃为合格），不检测扣5分	10		
12	项目实训时间		0～20min 10分 20～22min 5分 >22min 0分	10		
质检员：		评分员：		合计得分		

教师点评：

团队合作：优秀□ 良好□ 及格□ 不及格□　　　**分工明确**：优秀□ 良好□ 及格□ 不及格□

专业标准：优秀□ 良好□ 及格□ 不及格□　　　**操作规范**：优秀□ 良好□ 及格□ 不及格□

教师签字：　　　　　　　　　　　　　　　　　　　年　　　月　　　日

注：实训未按规范操作，导致设备损坏或人身伤害，本次考核记0分。

实训项目十三 —— 刮水片

任务一　刮水片认知

_____学时

班级：	组别：	姓名：	掌握程度：□优　　□良　　□及格 □不及格

一、工作任务

1. 了解刮水片的作用及分类。

2. 掌握刮水片的更换方法。

3. 培养良好的职业道德素质，具备严谨的工程技术思维习惯和精益求精的大国工匠精神。

二、项目认知

刮水器是车辆必不可少的部件，假如车上没有刮水器，在雨雪天气，驾驶员看不清路面，极易对自己或他人的人身安全或财产安全造成危害，所以要爱护刮水器，尤其是刮水片。但是怎么对它进行日常的保养和更换呢？

1. 刮水片的作用

根据图13-1所示内容，写出刮水片的作用。

_____

_____

图 13-1　刮水片的作用

2. 刮水片的分类

（1）图13-2（a）所示为_____刮水片，特点是_____。

（2）图13-2（b）所示为_____刮水片，特点是_____。

（a）　　　　　　　　　　　　　（b）

图 13-2　两种类型的刮水片

3．刮水片的安装

图13-3中圆圈内的箭头指示部位有什么作用？刮水片跟刮水臂是怎样连接的？如图13-4所示，如何拆下刮水片？

_____

_____

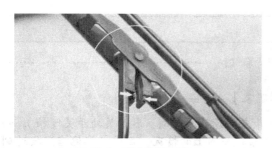

图 13-3　刮水片的安装

图 13-4　刮水片的拆卸

刮水片安装操作不规范会造成严重的后果。图13-5所示的风窗玻璃是怎么损坏的？在刮水片更换过程中怎样避免损伤发生？

_____

_____。

图 13-5　风窗玻璃损坏

4．刮水片的日常维护

（1）刮水片的养护，主要是让刮水片部位保持_____，避免刮水片上的橡胶条残留过多污物或夹杂异物。如果刮水片夹杂着异物，就必然_____ _____，不仅加速刮水片橡胶条老化的速度，而且还容易刮花风窗玻璃。正确的做法是，在每次洗车时或定期清除刮水片橡胶条_____时，最好先用_____，再用_____擦拭刮水片橡胶条，这样不仅能充分发挥刮水片的作用，而且还能增加刮水片的使用寿命。

（2）哪些原因会导致刮水器过早损坏？

_____

_____

5．刮水器的品牌

简述常见刮水器品牌及大概价位。

_____

_____

□ 案例分享 □

【故障现象】

一辆全新桑塔纳轿车，车主反映：有时打开点火开关（但刮水器开关处于关闭挡），刮水器就工作，有时候正常。有时还有打开刮水器就关不上的情况。之前在其他店里换过刮水器开关，故障没有排除。

【故障诊断】

首先打开点火开关，刮水器不工作。打开刮水器开关间歇挡，刮水器一直处于低挡工作模式，没有间歇功能；打开刮水器开关低挡，刮水器工作正常；打开高挡，刮水器工作正常；将刮水器开关置于关闭挡，刮水器始终工作在低挡模式不能停止。关闭点火开关后，刮水器停止工作。从上面的故障现象可以看出，刮水器工作在低挡和高挡模式时是正常的。工作在间歇挡或者关闭挡时是不正常的。

全新桑塔纳轿车的刮水器和老款的桑塔纳轿车控制方法不同，该车刮水器电动机由BCM（车身控制模块）控制，可以诊断相应故障。连接故障诊断仪，读取故障码，故障码显示：风窗玻璃刮水器开关停止无信号／通信偶发。

刮水器电动机共4根线，其中1号线为高挡信号线，2号线为低挡信号线，3号线为停止开关信号线，4号线为搭铁线。打开点火开关，将刮水器开关打到低挡，检测2号线电压，检测结果为12.3V，正常。打开点火开关，将刮水器开关打到高挡，检测1号线电压，检测结果12.3V，正常。测量4号脚和搭铁线之间的电阻为0Ω，也正常。检测3号线电压，信号电压对比正常车子是一样的，测量该线到BCM没有断路和短路情况，该线即为刮水器停止信号线，在刮水器运行到底部时，接通3号线和4号线，给控制单元0V的信号反馈。由上面的分析得知，该故障原因可能是：①刮水器电动机损坏，停止信号无法输出；②信号线电路故障；③BCM控制单元内部故障。

更换刮水器开关的做法显然无法排除上述故障。由于刚才的检测，停止开关信号线线路问题已经排除，判断刮水器电动机和BCM中有一个存在故障，也不排除两者都出故障的可能性。将线路装回，用大头针扎入3号线里，将点火开关打开，将刮水器开关打开后关闭，刮水器不停止，检测3号线电压，电压始终保持在2.67V不变，而正常车子刮水器运行到底时应该为0V，其他位置时为2.67V，由此来判断刮水器是否处在底部位置，该车在刮水器电动机运行到底部时仍然显示2.67V，说明刮水器内部触点没有接通3号线和4号线，刮水器电动机内部损坏。为验证故障点，拆开刮水器电动机上盖，检查后发现刮水器电动机内部铜片有轻微锈蚀。

● ———— 【故障排除】 ————— ●

更换刮水器电动机，试车，故障排除。

● ———— 【故障原因】 ————— ●

刮水器电动机内部铜片轻微锈蚀造成触点有接触不良现象发生，停止信号不能输出，从而导致 BCM 无法接收到停止信号，使刮水器一直工作而不能停止，间歇挡也是由于不能收到停止信号这个原因，一直处于工作状态，而没有间歇挡的相应功能。

● ———— 【案例总结】 ————— ●

我们在维修过程中，一定要认真分析电路图，搞清楚元件工作的原理，分析每根线的作用，这对维修工作是大有裨益的，能达到事半功倍的效果。

任务二 刮水片检查与更换

_____学时

班级：	组别：	姓名：	掌握程度：□优 □良 □及格 □不及格

实训目的	根据"任务二"的需求，能够掌握刮水片检查与更换的方法。
安全注意事项	注意个人及设备安全，规范操作，严格执行6S管理。
实训器材	整车（如卡罗拉）、刮水片、毛巾、整车防护七件套等。
教学组织	每辆车按6位学员（组长1人、主修1人、辅修1人、观察员1人、评分1人、质检1人）作业，循环操作。
操作步骤演示	 微课 刮水片检查与更换
任务	作业记录内容 ☑正确 ☒错误
前期准备	□ 1.护具——整车防护七件套（前翼子板垫/左右翼子板垫/脚垫/转向盘套/座椅套/变速器操作杆套），如图13-6和图13-7所示。（注①）  前翼子板垫　左右翼子板垫 □图 13-6　车外三件套 转向盘套　座椅套 脚垫　变速器操作杆套 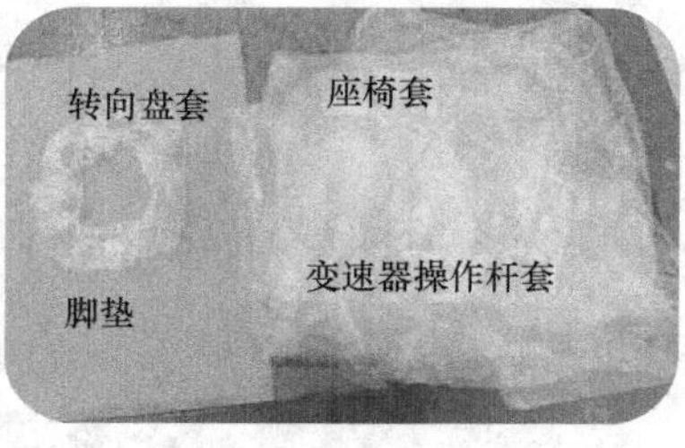 □图 13-7　车内四件套 □ 2.工具与耗材——整车、刮水片（见图13-8）、毛巾（见图13-9）等。

注①：准备工作一定注意四到位。1.防护到位；2.工具到位；3.设备到位；4.耗材到位。

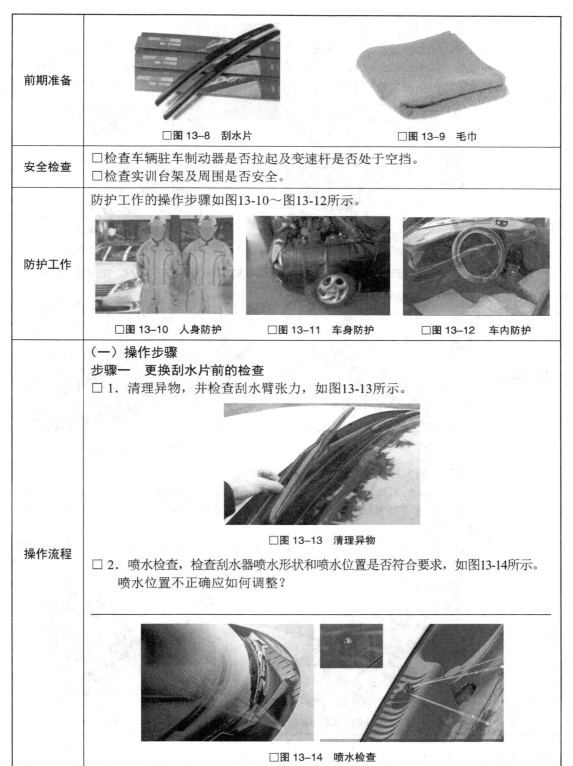

前期准备	□图 13-8 刮水片　　　　□图 13-9　毛巾
安全检查	□检查车辆驻车制动器是否拉起及变速杆是否处于空挡。 □检查实训台架及周围是否安全。
防护工作	防护工作的操作步骤如图13-10～图13-12所示。 □图 13-10　人身防护　　□图 13-11　车身防护　　□图 13-12　车内防护
操作流程	（一）操作步骤 步骤一　更换刮水片前的检查 □ 1. 清理异物，并检查刮水臂张力，如图13-13所示。 □图 13-13　清理异物 □ 2. 喷水检查，检查刮水器喷水形状和喷水位置是否符合要求，如图13-14所示。喷水位置不正确应如何调整？ □图 13-14　喷水检查

步骤二　刮水片的拆卸

□ 1．向上拉起刮水臂（有些车型刮水臂隐藏在发动机舱盖下面，无法直接抬起），如图13-15所示。一只手按压刮水片小卡扣不动（见图13-16），另外一只手把刮水器整体向下拉，拆下刮水片。插式刮水片的拆卸如图13-17所示。

操作流程

□图 13-15　拉起刮水臂

□图 13-16　按压卡扣

□ 2．在风窗玻璃上垫放一块毛巾，避免刮水臂不小心跌落打坏玻璃，如图13-18所示。

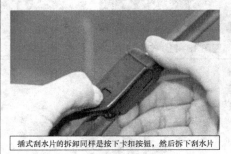

插式刮水片的拆卸同样是按下卡扣按钮，然后拆下刮水片

□图 13-17　拆卸刮水片

□图 13-18　垫放毛巾

步骤三　刮水片检查与安装

□ 1．确认刮水片连接刮水臂的方式以及刮水片的规格（注②）。车辆使用的刮水片型号可参考维修手册。两种常见的刮水片卡扣方式（勾式和插式）如图13-19所示。

□ 2．检查刮水片橡胶条是否老化，用手指在清洁后的橡胶条上摸一摸，如图13-20所示。若橡胶条老化、硬化，出现裂纹，则此刮水片不合格。

□图 13-19　不同卡扣方式的刮水片

□图 13-20　刮水片橡胶条

注②：有的刮水片是用螺钉固定到刮水臂上，有些则是用卡扣锁止。

操作流程

□ 3. 检查新旧刮水片的接头、尺寸是否相同，如图13-21所示。
汽车上左右两个刮水片是否相同？如何区分？

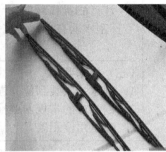

□图 13-21　新旧刮水片对比

□ 4. 新刮水片的安装。将刮水臂插入中间的卡扣后拉紧刮水片，听到"咔嗒"一声表示安装到位，如图13-22所示。

□图 13-22　刮水臂插入中间的卡扣

□ 5. 验车与交付，检查新刮水片功能是否正常，如图13-23所示。

安装完毕后，一定要喷上玻璃水试刮几下，万一安装不到位或者是刮水片不服帖，真正下雨的时候会严重影响行车安全。

□图 13-23　检查新刮水片的工作情况

操作流程	**（二）注意事项** 1．拆下刮水片后放条毛巾在风窗玻璃上，防止刮水臂打坏玻璃。 2．检查新旧刮水片的接头、尺寸是否相同。 3．交车前要检查刮水功能是否正常。 4．注意6S操作标准。 　刮水器有哪几个挡位？ **（三）技术要求** 1．刮水片安装到位并锁止。 2．刮水片的常规问题检查（破损、变形、裂痕、附着物等）。 3．喷水角度正确。
验收	1．质检验收（一般项目）。 同客户试车确认其是否有异议。　是□ 否□ 与施工单对照，检查各项目是否完成。　是□ 否□ 检查工具、设备是否落在车上。　是□ 否□ 检查刮水片是否安装到位。　是□ 否□ 2．质检验收（重点项目）。 检查刮水片是否正常。　是□ 否□ 检查各挡位是否正常工作。　是□ 否□ 检查刮水片刮水是否干净。　是□ 否□ 检查喷水角度是否合适。　是□ 否□

检查与评估

6S管理规范 （教师点评）	□整理　□整顿　□清扫　□清洁　□素养　□安全
成绩评定 （学生总结）	小组对本人的评定：□优 □良 □及格 □不及格 学生本次任务成绩：□优 □良 □及格 □不及格

专业考核评分表——刮水片检查与更换

班级：		组别：	组长：	日期：		
技术标准：1. 刮水片的检查与更换流程；2. 装复后的检查与调整要求						
序号	作业项目	考核内容	考核标准	分值	扣分	得分
1	准备环节	正确选用工具	选错1次扣1分	5		
2		正确使用工具	用错1次扣1分	5		
3	检查环节	检查刮水器	检查方法不正确扣5分	5		
4	拆装环节	刮水片拆卸	拆卸方法不正确扣10分	10		
5		旧刮水片检查	未检出破损、老化、弯曲的各扣5分	15		
6		新刮水片的检查	未进行新刮水片接头、尺寸检查的各扣5分	15		
7		安装新刮水片	装复不正确的或损坏刮水片的扣10分	15		
8	质检环节	装复后的测试	未进行喷水检查的扣10分	10		
9			喷水位置不准确，未进行调整的扣10分	10		
10	项目实训时间		0～10min　　10分 10～12min　　5分 ＞12min　　0分	10		
质检员：		评分员：		合计得分		
教师点评：						

团队合作：优秀□ 良好□ 及格□ 不及格□　　　　**分工明确**：优秀□ 良好□ 及格□ 不及格□

专业标准：优秀□ 良好□ 及格□ 不及格□　　　　**操作规范**：优秀□ 良好□ 及格□ 不及格□

教师签字：		年　　月　　日

注：实训未按规范操作，导致设备损坏或人身伤害，本次考核记0分。

实训项目十四 —— 手动变速器油

任务一　手动变速器油认知

_____学时

班级：	组别：	姓名：	掌握程度：□优　□良　□及格 □不及格

一、工作任务

1．认识手动变速器油（齿轮油）。

2．能熟知手动变速器油的作用和级别。

3．引导学生了解最新的技术，激发核心技术自主创新意识和学习热情，厚植科技报国的家国情怀。

二、项目认知

手动变速器油需要进行周期性更换，多数客户会对手动变速器油的质量和选择存在疑问。为了解决客户的这些疑问，我们需要掌握一定的技能、知识和沟通技巧。

1．手动变速器油的作用

如图14-1所示，手动变速器工作时各个齿轮之间是相互摩擦的，由此可推断出手动变速器油的作用是_____

_____。

2．手动变速器油的级别

除了SAE（美国机动车工程师学会）标准外，手动变速器油还有一个衡量标准是_____。按使用性能不同，将手动变速器油分为GL-1、GL-2、GL-3、GL-4、GL-5、GL-6。这几种级别的油有什么区别？如何选用？

_____

_____

图14-2所示的手动变速器油有SAE 75W-90标识。它的含义是什么？

SAE表示_____；75表示_____；

W表示_____；90表示_____。

图 14-1　手动变速器油

图 14-2　手动变速器油

3．放油口

（1）图14-3所示为雪佛兰赛欧轿车手动变速器油的_____。放油方法是_____。

请用笔在图14-4中标出手动变速器放油口的位置，该车的放油方法是_____

_____。

图 14-3　雪佛兰赛欧轿车手动变速器放油口　　　　图 14-4　爱丽舍轿车手动变速器放油口

（2）长时间不更换手动变速器油或更换劣质手动变速器油的后果：_____

_____。

（3）手动变速器放油操作如图14-5所示。

图 14-5　手动变速器放油

4．手动变速器油更换周期

手动变速器油的更换周期是_____万千米或_____年，具体以厂家规定的更换周期为准。

5．手动变速器油加注器

如图14-6和图14-7所示，如何使用手动变速器油加注器？如何判断加注量是否合适？

_____

_____

_____

图14-6　手动变速器油加注器

图14-7　手动变速器油加注器的使用

6. 判断手动变速器油脏污程度

图14-8所示的手动变速器出现的问题是＿＿＿＿＿＿＿＿＿＿，处理方法是＿＿＿＿＿＿

＿＿＿＿＿＿＿＿＿。

图14-9所示的手动变速器油出现的问题是＿＿＿＿＿＿＿＿＿，处理方法是＿＿＿＿＿＿

＿＿＿＿＿＿＿＿。

图14-10所示的手动变速器油对比，说明＿＿＿＿＿＿＿＿＿＿＿＿＿＿＿＿＿＿＿＿

＿＿＿＿＿＿＿＿。

图14-8　手动变速器

图14-9　手动变速器油

新品　　　旧品

图14-10　手动变速器油对比

7. 手动变速器油常见品牌

列举手动变速器油常见品牌及大概价格。

＿＿＿＿＿＿＿＿＿＿＿＿＿＿＿＿＿＿＿＿＿＿＿＿＿＿＿＿＿＿＿＿＿＿＿＿＿＿＿

＿＿＿＿＿＿＿＿＿＿＿＿＿＿＿＿＿＿＿＿＿＿＿＿＿＿＿＿＿＿＿＿＿＿＿＿＿＿＿

＿＿＿＿＿＿＿＿＿＿＿＿＿＿＿＿＿＿＿＿＿＿＿＿＿＿＿＿＿＿＿＿＿＿＿＿＿＿＿

···□ 案例分享 □···

━━━━━━━【 故障现象 】━━━━━━━

一辆江淮和悦轿车，行驶9.8万千米，驾驶过程中手动变速器有异响并伴随挂挡困难现象，

于是开往附近的4S店进行检查。

●━━━━━【故障诊断】━━━━━●

1. 试车检验，初步确定故障在手动变速器内部，首先检查手动变速器油。

2. 拆下手动变速器放油螺栓，发现流出的手动变速器油呈黑色，并伴有大量磨损的铁屑，判断为手动变速器内部磨损导致。

3. 与客户交流得知，6个月之前曾在汽修厂更换过手动变速器油，拆下手动变速器并分解，发现内部齿轮磨损严重，至此判断为手动变速器油为劣质产品，使齿轮磨损严重，导致手动变速器报废。

●━━━━━【故障排除】━━━━━●

与客户沟通后，更换手动变速器，试车，故障排除。

●━━━━━【故障原因】━━━━━●

手动变速器油具有清洁、润滑、防锈、散热的作用。在汽车行驶过程中齿轮高速旋转产生热量，使用劣质手动变速器油会使滑效果不达标、散热效果差，手动变速器内部的齿轮磨损加剧，降低手动变速器的使用寿命，严重的会导致手动变速器内部齿轮损坏，使手动变速器报废。

●━━━━━【案例总结】━━━━━●

手动变速器油作为齿轮润滑油来说在黏度过大的时候会使摩擦面过热，也会造成不必要的动力损耗，黏度过小时容易造成油封漏油和在齿轮面上形成贫油润滑，从而也很容易导致磨损加大，所以在换油的时候，维修人员应该对照汽车使用手册或维修手册，不能胡乱加油；由于各个厂商所选用的手动变速器油标准不一样，所以在添加不同品牌的手动变速器油时一定要先将之前的手动变速器油放光之后再加，千万不能混用，以避免不同手动变速器油的性能差异对汽车造成影响。

任务二　手动变速器油更换

_____学时

班级：	组别：	姓名：	掌握程度：□优　□良　□及格 □不及格
实训目的	根据"任务二"的需求，能够掌握手动变速器油更换方法。		
安全注意事项	注意个人及设备安全，规范操作，严格执行6S管理。		
实训器材	整车（如卡罗拉）、手动变速器油、回收器、世达工具、整车防护七件套、加注器、气枪、清洗剂等。		
教学组织	每辆车按6位学员（组长1人、主修1人、辅修1人、观察员1人、评分1人、质检1人）作业，循环操作。		

操作步骤演示	 微课 手动变速器油 更换

任务	作业记录内容　☑正确　☒错误
前期准备	□ 1. 护具——整车防护七件套（前翼子板垫/左右翼子板垫/脚垫/转向盘套/座椅套/变速器操作杆套），如图14-11和图14-12所示。（注①） 前翼子板垫　左右翼子板垫　转向盘套　座椅套　脚垫　变速器操作杆套 □图 14-11　车外三件套　　　□图 14-12　车内四件套 □ 2. 工具与耗材——整车、世达工具（见图14-13）、手动变速器油（见图14-14）、回收器（见图14-15）、加注器（见图14-16）、气枪、清洗剂等。

注①：准备工作一定注意四到位。1. 防护到位；2. 工具到位；3. 设备到位；4. 耗材到位。

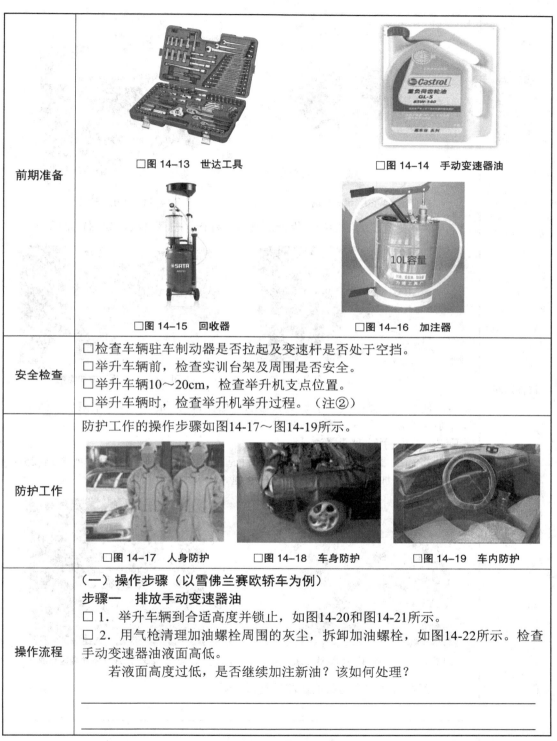

前期准备	□图 14-13　世达工具　　　　　　　　　　□图 14-14　手动变速器油 □图 14-15　回收器　　　　　　　　　　　□图 14-16　加注器
安全检查	□检查车辆驻车制动器是否拉起及变速杆是否处于空挡。 □举升车辆前，检查实训台架及周围是否安全。 □举升车辆10～20cm，检查举升机支点位置。 □举升车辆时，检查举升机举升过程。（注②）
防护工作	防护工作的操作步骤如图14-17～图14-19所示。 □图 14-17　人身防护　　□图 14-18　车身防护　　□图 14-19　车内防护
操作流程	**（一）操作步骤（以雪佛兰赛欧轿车为例）** **步骤一　排放手动变速器油** □ 1. 举升车辆到合适高度并锁止，如图14-20和图14-21所示。 □ 2. 用气枪清理加油螺栓周围的灰尘，拆卸加油螺栓，如图14-22所示。检查手动变速器油液面高低。 　　若液面高度过低，是否继续加注新油？该如何处理？ _____ _____

注②：举升过程中如果有异常或异响，应立刻停止当前作业并及时和老师联系，不得擅自处理。

□图 14-20　举升车辆

□图 14-21　锁止举升机

□ 3．拆下变速器放油螺栓，用清洗剂清洁螺栓并检查螺纹，如图14-23所示。

□图 14-22　清理灰尘并拆卸加油螺栓

□图 14-23　拆下放油螺栓

操作流程

□ 4．使用回收器回收旧手动变速器油，如图14-24所示。放油结束后，清洁并吹干放油螺栓，用扭力扳手按规定力矩拧紧。

步骤二　加注手动变速器油

□ 1．将加注器油管放入加油孔，加注适量的新手动变速器油，如图14-25所示。最后安装加油螺栓并做清洁吹干处理。

□图 14-24　回收旧手动变速器油

□图 14-25　加注新手动变速器油

如何判断手动变速器油加注量是否合适？

_____

_____

操作流程	□2. 起动发动机，检查每个挡位换挡是否正常。 **（二）注意事项** 1. 车辆举升过程中，注意安全。 2. 要用清洗剂清洁螺栓并检查螺纹。 3. 加注时，油液从加油孔流出即可停止加注。 4. 注意6S操作标准。 **（三）技术要求** 1. 手动变速器油的更换周期为_____万千米或_____年。 2. 操作过程中，禁止油液溅到地上。 3. 操作完成后，试车检查换挡情况。
验收	1. 质检验收（一般项目）。 同客户试车，确认其是否有异议。　　　　　　　　是□ 否□ 与施工单对照，检查各项目是否完成。　　　　　是□ 否□ 检查放油螺栓是否按标准力矩拧紧。　　　　　　是□ 否□ 检查底盘是否正常。　　　　　　　　　　　　　是□ 否□ 检查工具、设备是否落在车上。　　　　　　　　是□ 否□ 2. 质检验收（重点项目）。 检查手动变速器油液位是否正常。　　　　　　　是□ 否□ 检查手动变速器是否漏油。　　　　　　　　　　是□ 否□ 检查手动变速器换挡是否正常。　　　　　　　　是□ 否□

检查与评估		
6S管理规范 （教师点评）	□整理　□整顿　□清扫　□清洁　□素养　□安全	
成绩评定 （学生总结）	小组对本人的评定：□优 □良 □及格 □不及格 学生本次任务成绩：□优 □良 □及格 □不及格	

专业考核评分表——手动变速器油更换

班级：		组别：		组长：		日期：	

技术标准： 1. 正确判别手动变速器油的品质；2. 手动变速器油更换流程

序号	作业项目	考核内容	考核标准	分值	扣分	得分
1	准备环节	正确选用工具	选错1次扣1分	5		
2		正确使用工具	用错1次扣1分	5		
3	手动变速器油更换环节	手动变速器油的检查，并鉴别好坏	检查油的量，未检查扣5分	20		
4			检查油是否脏污、是否到保养周期、是否失效等，不检查扣10分			
5		举升车辆，并进行安全检查	未进行举升或检查的扣10分	10		
6		正确排放手动变速器油	找不到放油口或操作错误，每次扣5分	10		
7			三不落地，落地一次扣5分	10		
8		正确加注手动变速器油	按规定加注手动变速器油，未加注到标准位置扣10分	15		
9	装复检查环节	装复后的检查	不检查漏油扣5分	5		
10			未实施6S管理扣10分	10		
11		项目实训时间	0～15min　　10分 15～17min　　5分 ＞17min　　　0分	10		

质检员：		评分员：		合计得分	

教师点评：

团队合作： 优秀□ 良好□ 及格□ 不及格□　　　　**分工明确：** 优秀□ 良好□ 及格□ 不及格□

专业标准： 优秀□ 良好□ 及格□ 不及格□　　　　**操作规范：** 优秀□ 良好□ 及格□ 不及格□

教师签字：		年　　　　月　　　　日

注：实训未按规范操作，导致设备损坏或人身伤害，本次考核记0分。

实训项目十五　制动液

任务一　制动液认知

_____学时

班级：	组别：	姓名：	掌握程度：□优　□良　□及格 □不及格

一、工作任务

1．认识制动液（刹车油）。

2．能熟知制动液的种类、级别及更换注意事项。

3．培养良好的职业道德素质，具备严谨的工程技术思维习惯和精益求精的大国工匠精神。

二、项目认知

对于制动液的周期性更换，一般车主是认可的，但他们会对制动液质量和如何选择制动液及选择何种制动液存在疑问。为了解决客户的疑问，我们需要掌握一定的知识、技能和沟通技巧。

1．更换周期

制动液的更换周期为_____万千米或_____年。

2．制动液的种类

（1）制动液按其组成和特性不同，可分为_____、_____、_____ 3类，如图15-1所示。

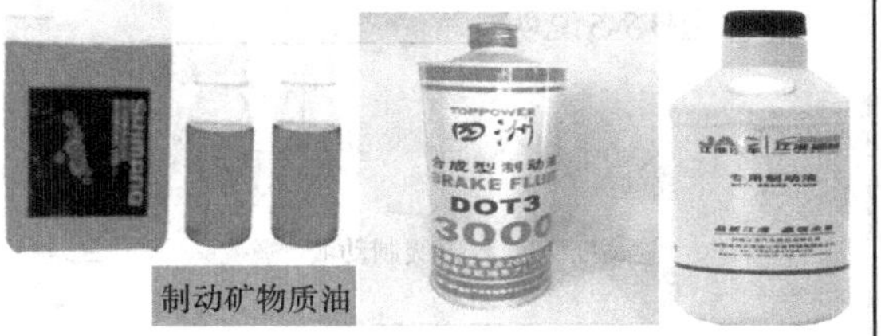

（2）按机动车辆安全使用要求分类，制动液可分为以下几种：_____制动液 ［见图15-2（a）］，适用于_____车型；_____制动液 ［见图15-2（b）］，适用于_____车型；_____制动液 ［见图15-2（c）］，适用于_____车型。

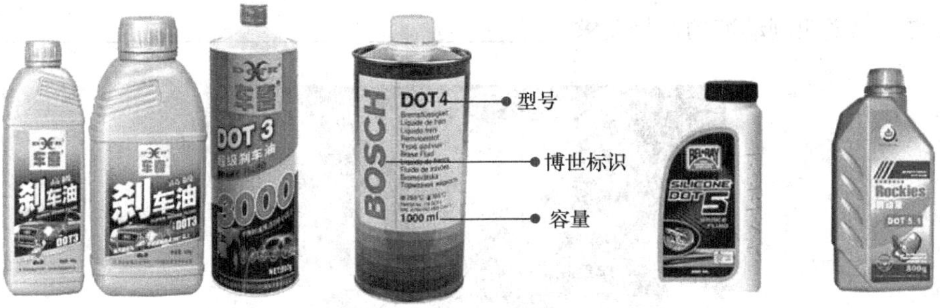

制动矿物质油

图 15-1　制动液一

（a）　　　（b）　　　（c）

型号

博世标识

容量

图 15-2　制动液二

3. 制动液的选用及使用技术标准

（1）制动液选用。

① 根据环境条件。在炎热的夏季（见图15-3）或在高速公路上行驶的车辆制动强度大，制动液工作温度高，一般应选用_____制动液。

② 根据车辆速度性能。常在市区行驶的车辆（见图15-4），制动液工作温度较高，应使用_____制动液。

图15-3　天气炎热环境

图15-4　道路拥堵环境

（2）制动液使用技术标准。

① 图15-5说明_____。

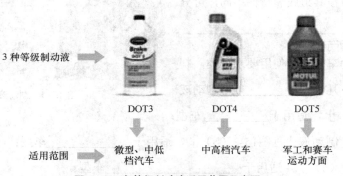

3种等级制动液　→　DOT3　　DOT4　　DOT5

适用范围　→　微型、中低档汽车　　中高档汽车　　军工和赛车运动方面

图15-5　各等级制动液适用范围示意图

② 图15-6说明制动液的选择要求_____。

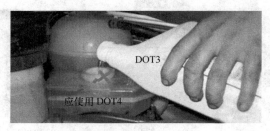

图15-6　加注制动液

③ 图15-7说明随车辆行驶里程数增加，出现_____，原因是_____
_____。

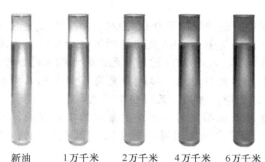

图 15-7

新油　　1万千米　　2万千米　　4万千米　　6万千米

图 15-7　制动液对比图

④ 行车中若发现制动系统报警灯闪烁（见图15-8），应及时检查_____。若液位过低，应及时_____制动液。因此车上最好备有制动液。

图 15-8　制动系统报警灯示意图

□ 案例分享 □

【故障现象】

一辆桑塔纳2000GSi（时代超人）轿车，行驶里程为11万千米。该车在正常行驶过程中，制动效果良好。紧急制动时，防抱死制动系统（ABS）工作正常。但在车辆静止情况下，有时持续踩住制动踏板约5s后制动踏板开始下沉，一直到底。此时松开制动踏板，紧接着再踩，便会一脚踩到底，有踩离合器踏板的感觉。如果松开制动踏板后停一会儿再踩，便又恢复正常。据车主介绍，此现象出现很长一段时间了，只不过刚开始只是偶尔才出现一次，并且缓一脚（踩下制动踏板，松开后紧接着再踩）就正常了，在其他修理店检查过，没发现什么问题。但后来此故障现象越来越明显和频繁，在等红灯的时候表现尤为突出。

【故障诊断】

维修人员接车后，首先检查各分泵及连接管路，没有发现泄漏的痕迹。根据以往经验分析，有可能是制动总泵的活塞及皮碗异常造成的泄压，导致制动踏板下滑。但在踩制动踏板时检查制动总泵储液罐内的制动液，并没有明显的"返油"现象，只是制动液比较脏。为保险起见，更换制动总泵及制动液，之后试车，故障现象有所减轻，出现得不那么频繁了，但还存在。

此时分析可能是ABS控制单元有问题。连接故障诊断仪VAG1552，进入ABS系统，查阅后没有发现故障码。此时主要怀疑此故障是由于ABS液压控制器内的常闭阀关闭不严导致的。遂利用VAG1552的"执行元件诊断"功能对ABS控制单元内的电磁阀进行诊断测试。通过测试没有发现问题，但重点还是在ABS控制单元。难道要更换昂贵的ABS控制单元一试吗？再次检查制动液时，发现刚更换的干净的制动液又有些变"黑"了。

回想整个维修过程，在更换制动总泵及制动液时，只是用常规排气的方法，将制动系统内的制动液更换掉了，但ABS液压控制器内的常闭阀在断电状态下是关闭的，第二回路中的制动液在常规排气时是无法排出的。

【故障排除】

在进行"执行元件诊断"时，常闭阀打开，第二回路中的脏制动液便进入了整个制动系统，使刚更换的制动液被污染变"黑"了。接下来，利用VAG1552的"基本设定"功能，对ABS系统进行加液和排气操作，在将制动系统内的制动液彻底更换后，故障彻底排除。

【故障原因】

该车故障是由于制动液过脏，没有及时地更换，制动液中的杂质堆积于常闭阀上，使常闭阀有时密封不严，从而造成泄压所导致的。如果在诊断维修过程中，不深入分析研究，而是简单地将ABS控制单元更换掉，故障虽然也随之排除，但势必给车主带来不必要的经济损失。

【案例总结】

要理清对本故障维修的思路，首先要对制动系统的组成有一定了解，制动系统主要由制动踏板、制动总泵、真空助力泵、ABS控制单元、制动管路、制动液、制动分泵、储液罐及制动片等组成。

其次分析各元件是否会产生制动发软现象，从而找到产生故障的原因。制动发软的主要原因有：制动系统里有空气，制动间隙太大，制动助力大，脚感轻，制动系统有泄漏，油液更换不彻底等。逐一缩小检查范围最后集中到制动系统的故障点上。

任务二　制动液检查与更换

_____学时

班级：	组别：	姓名：	掌握程度：□优　□良　□及格 □不及格

实训目的	根据"任务二"的需求，能够掌握检查与更换制动液的方法。
安全注意事项	注意个人及设备安全，规范操作。
实训器材	整车（如科鲁兹）、世达工具、空气压缩机、排空机、整车防护七件套、制动液及检测笔等。
教学组织	每辆车按6位学员（组长1人、主修1人、辅修1人、观察员1人、评分1人、质检1人）作业，循环操作。
操作步骤演示	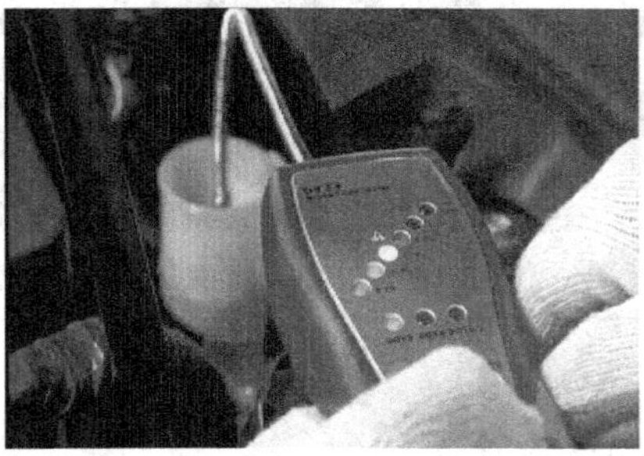 微课 制动液检查与更换

任务	作业记录内容　☑正确　☒错误
前期准备	□ 1．护具——整车防护七件套（前翼子板垫/左右翼子板垫/脚垫/转向盘套/座椅套/变速器操作杆套），如图15-9和图15-10所示。（注①）  前翼子板垫　左右翼子板垫 □图 15-9　车外三件套 转向盘套　座椅套　脚垫　变速器操作杆套 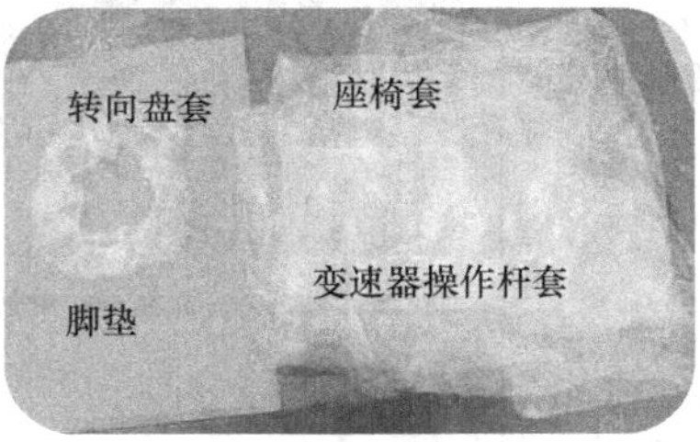 □图 15-10　车内四件套 □ 2．工具与耗材——整车、世达工具（见图15-11）、空气压缩机及排空机（见图15-12）、制动液及检测笔（见图15-13）等。

注①：准备工作一定注意四到位。1. 防护到位；2. 工具到位；3. 设备到位；4. 耗材到位。

前期准备	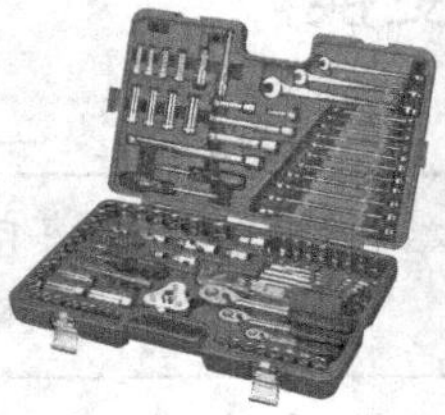 □图 15-11　世达工具　　□图 15-12　空气压缩机及排空机　　□图 15-13　制动液及检测笔 (a) 空气压缩机　　　(b) 排空机
安全检查	□检查车辆驻车制动器是否拉起及变速杆是否处于空挡。 □举升车辆前，检查实训台架及周围是否安全。 □举升车辆10～20cm，检查举升机支点位置。 □举升车辆时，检查举升机举升过程。（注②）
防护工作	防护工作的操作步骤如图15-14～图15-16所示。  □图 15-14　人身防护 　　□图 15-15　车身防护 　　□图 15-16　车内防护
操作流程	**（一）操作步骤** **步骤一　制动液的检测** □ 1.检查仪表板制动系统报警灯是否点亮，如图15-17所示。（注③） 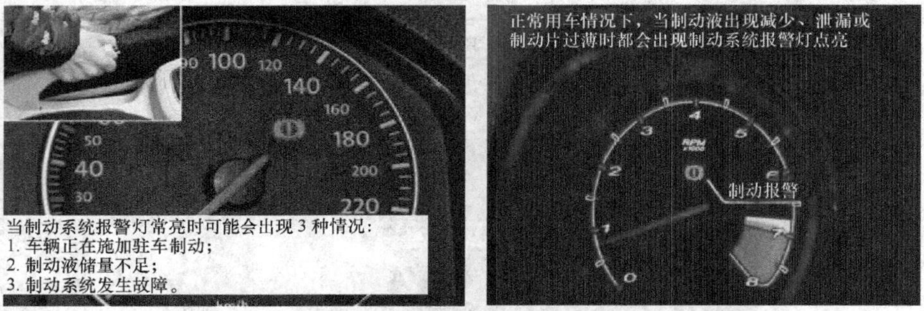 当制动系统报警灯常亮时可能会出现3种情况： 1.车辆正在施加驻车制动； 2.制动液储量不足； 3.制动系统发生故障。 正常用车情况下，当制动液出现减少、泄漏或制动片过薄时都会出现制动系统报警灯点亮 制动报警 □图 15-17　制动系统报警灯亮 □ 2.用制动液检测笔检测制动液的质量（如其中水分的含量），如图15-18所示。通过观察制动液的颜色也可以判断制动液的质量。新旧制动液对比如图15-19所示。

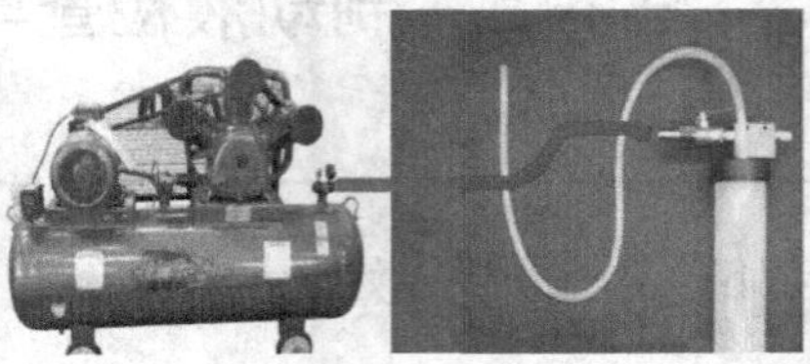

注②：举升过程中如果有异常或异响，应立刻停止当前作业并及时和老师联系，不得擅自处理。
注③：车辆使用2年或行驶5万千米，应对制动系统保养一次，两个周期以先到的为准。

□图 15-18 检测制动液质量

从制动液的颜色就可以判断其是否需要更换，新制动液为淡黄色透明状，旧制动液由于掺杂了许多杂质变成了茶色。

全新制动液   到达使用寿命的制动液

□图 15-19 新旧制动液对比

步骤二 制动液的更换

□ 1．将排空机上的吸油软管插入储液罐中，排空机连接空气压缩机，抽取储液罐中的制动液，如图15-20所示。尽可能多地抽吸制动液。

操作流程

□图 15-20 抽吸制动液

□ 2．加入新的制动液，并根据储液罐外的刻度线判断是否加满，如图15-21所示。

□图 15-21 加新制动液

□ 3．举升车辆，拆卸车轮。取下制动分泵放油螺栓上的橡胶防尘帽，连接排空机吸油软管［见图15-22（a）］，并拧松放油螺栓。打开抽油机，开始抽取制动液，如图15-22（b）所示。操作结束后，拧紧放油螺栓，并反复踩动制动踏板。排空机工作原理如图15-23所示。

制动分泵放油螺栓的连接

在制动分泵处抽制动液

（a）　　　　　　　　　　　　　　（b）

□图 15-22　制动分泵连接排空机并抽取制动液

操作流程

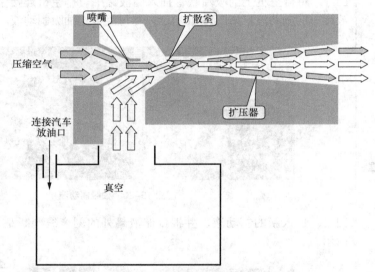

□图 15-23　排空机工作原理

□ 4. 在抽取旧制动液的过程中，要注意观察制动液储液罐中的液面高度，随着液面的下降不断加入新的制动液，防止空气进入，如图15-24所示。

□图 15-24　加入新制动液

操作流程	□ 5. 对于排液速度较慢的小部分车型，可以拆掉放油螺栓，在吸油软管上插上专用接头，放入放油口进行排液，如图15-25所示。 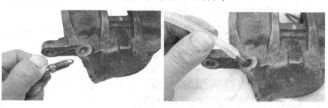 □图 15-25　加快排液速度的操作 □ 6. 检测出油口制动液，检测结果无水分，说明是新制动液，即可停止抽取。（注④） □ 7. 以由远及近的顺序进行逐个车轮的制动管路排液，如图15-26所示。（注⑤） 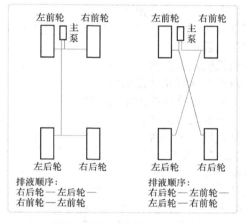 □图 15-26　排液顺序示意图 □ 8. 验车与交付，检查制动踏板制动效果，安装并紧固车轮，如图15-27和图15-28所示。 　　 □图 15-27　制动踏板测试　　□图 15-28　安装并紧固车轮

注④：每个车轮都要抽旧制动液，直到出油口有新制动液流出即可停止抽取。储液罐中始终要有制动液。
注⑤：常规排液顺序为右后轮—左后轮—右前轮—左前轮，但如果是交叉型制动油管布置形式，排液顺序则为右后轮—左前轮—左后轮—右前轮。

操作流程	**（二）更换制动液的注意事项** 1．更换过程中保持储液罐中的液位。 2．在更换制动液时，要注意自身的安全。 3．从距制动总泵最远端车轮制动分泵开始执行制动液的排放操作。 4．注意6S操作标准。 **（三）技术要求** 1．制动液的更换周期为2年或5万千米（先到为准）。 2．制动液的液位应在上下刻度之间。 3．更换后，消除制动踏板的空行程。
验收	1．质检验收（一般项目）。 静态踩制动踏板，起动后再踩制动踏板，检查制动踏板及真空助力是否正常。　　　　　　　　　　　　　　　　　　　是□ 否□ 同客户试车，确认其是否有异议。　　　　　　　是□ 否□ 与施工单里的车身检查单对照检查外观是否正常。　　是□ 否□ 检查底盘是否正常。　　　　　　　　　　　　　是□ 否□ 检查发动机舱是否正常。　　　　　　　　　　　是□ 否□ 检查车内及外部灯光是否正常。　　　　　　　　是□ 否□ 检查车辆内饰件及内部操作功能是否正常。　　　是□ 否□ 检查电气系统是否正常。　　　　　　　　　　　是□ 否□ 检查工具、设备是否落在车上。　　　　　　　　是□ 否□ 2．质检验收（重点项目）。 检查制动液液位是否正常。　　　　　　　　　　是□ 否□ 检查制动分泵是否漏油。　　　　　　　　　　　是□ 否□ 检查制动液加注口盖是否拧好（不能有豁口，必须平整到位）。　是□ 否□ 检查放油螺栓是否按标准力矩拧紧，是否漏油。　是□ 否□ 检查仪表板上是否有报警灯点亮。　　　　　　　是□ 否□

检查与评估	
6S管理规范 （教师点评）	□整理　□整顿　□清扫　□清洁　□素养　□安全
成绩评定 （学生总结）	小组对本人的评定：□优 □良 □及格 □不及格 学生本次任务成绩：□优 □良 □及格 □不及格

专业考核评分表——制动液检查与更换

班级：		组别：	组长：		日期：		
技术标准：1. 制动液检查流程；2. 制动液更换标准及技术要求							
序号	作业项目	考核内容	考核标准	分值	扣分	得分	
1	准备环节	正确选用工具	选错1次扣1分	5			
2		正确使用工具	用错1次扣1分	5			
3	制动液的准备和更换环节	制动液检测	1. 未检查液位扣5分 2. 未打开储液罐盖扣5分	10			
4		储液罐制动液更换	制动液排液顺序不对， 1处扣5分	15			
5		制动液加注	没有按要求加注制动液， 1处扣5分	15			
6		拆卸车轮	拆卸车轮时操作不当， 1处扣5分	5			
7		制动分泵更换制动液	排空机的使用操作不当， 1处扣5分	10			
8			1. 开盖没有垫毛巾扣5分 2. 检测笔不会使用扣5分 3. 加注制动液时洒在周围扣5分	15			
9	检查验收环节	制动液检查	更换完成没有查缺补漏扣10分	10			
10	项目实训时间		0～10min 10分 10～12min 7分 ＞12min 0分	10			
质检员：		评分员：			合计得分		
教师点评： 团队合作：优秀□ 良好□ 及格□ 不及格□ 分工明确：优秀□ 良好□ 及格□ 不及格□ 专业标准：优秀□ 良好□ 及格□ 不及格□ 操作规范：优秀□ 良好□ 及格□ 不及格□							
教师签字：				年 月 日			

注：实训未按规范操作，导致设备损坏或人身伤害，本次考核记0分。

实训项目十六 —— 自动变速器油

任务一 自动变速器油认知

_____学时

班级：	组别：	姓名：	掌握程度：□优　□良　□及格 □不及格

一、工作任务

1．认识自动变速器油，熟知自动变速器油的作用。

2．掌握自动变速器油的检查与更换方法。

3．培养学习、工作精细化的态度。

二、项目认知

对于自动变速器油（也称ATF）的周期性更换，大多数客户是认可的。如今使用的自动变速器油既是液力变矩器的传动油，又是行星齿轮机构的润滑油和换挡装置的液压油。多数客户会对如何选择合适的自动变速器油存在疑问。为了解决客户的疑问并排除故障，我们需要掌握一定的知识、技能和沟通技巧。

1．自动变速器油的主要作用

自动变速器（见图16-1）内的液力变矩器、行星齿轮机构、换挡装置用的都是同一种油，也就是自动变速器油。据此推测自动变速器油的作用有_____

_____

_____。

2．自动变速器油的特性

自动变速器油（见图16-2）的特性有哪些？对自动变速器有何影响？

_____

_____

图16-1 自动变速器

图16-2 自动变速器油

3．自动变速器换油机

将自动变速器换油机各部分的名称填写到图16-3的方框里。

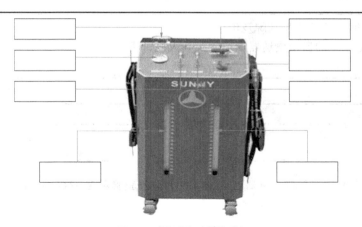

图 16-3 自动变速器换油机

4．长期不更换自动变速器油或更换劣质自动变速器油的后果

_____

_____

5．自动变速器油的更换周期

自动变速器油用久了黏度会_____，导致润滑性能_____、密封性

能_____，各运动部件阻力升高、磨损增加，造成压力不稳定，影响液压系

统工作精度。自动变速器控制精度下降、换挡精度_____，平顺性、响应速度都

会受到影响，变质以后的油液冷却性能和抗氧化性能下降，容易产生油温_____

等问题，恶性循环，油液和自动变速器零部件的寿命进一步缩短。自动变速器油的更换周

期一般是_____万千米或者_____年。

6．自动变速器油脏污程度

图16-4（a）所示为铁屑过多的自动变速器油，显示_____色；是否需要更换？

_____。

图16-4（b）所示为正常的自动变速器油，显示_____色；是否需要更换？

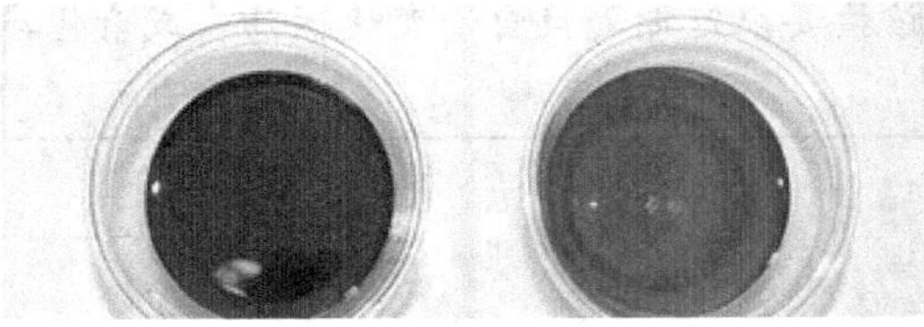

_____。

（a）   （b）

彩图

图 16-4

图 16-4 自动变速器油对比

7. 自动变速器油的常见品牌及价格

列举市场上常见的自动变速器油品牌及其大概价格。

_____

_____

□ 案例分享 □

【故障现象】

一辆福克斯汽车，自动变速器型号为 4F27E，行驶里程为 160074km，自动变速器出现换挡冲击故障。

【故障诊断】

维修技师在与客户交谈中得知该车自使用以来并未做过定期保养，很明显自动变速器油已经超过了使用时限。

维修技师用举升机将该车在热车怠速的状态下举起，从加油口处注入自动变速器免拆清洗剂，通过发动机的不断运转，历时 20min，期间逐一更换挡位，使自动变速器油高速循环流动。清洗剂中的分散剂可使油泥、漆膜等杂质漂浮起来，油液在流动过程中，被油液滤清器过滤，最终使自动变速器达到良好的工作状态，然后加注新的自动变速器油。

【故障排除】

加注新的自动变速器油后试车，故障排除。

【故障原因】

1. 大部分的自动变速器故障都与自动变速器油有关，因此要做好自动变速器油的检查和更换工作。自动变速器油具有清洗作用，会把一些金属碎屑带走，长期不换油，这些金属碎屑越来越多，多到一定程度之后就会影响自动变速器油本身的物理特性。表现为对离合器片的夹紧力大幅降低，而且自动变速器油里大量的金属碎屑也会严重磨损离合器片，最终导致的结果就是离合器无法接合，同时会造成整个自动变速器的严重磨损。

2. 过脏的自动变速器油会引起自动变速器乱变挡、不易升挡/降挡、换挡冲击或加速迟钝，发生振动或发出异响，甚至无法起步等重大故障。

【案例总结】

对于大多数自动变速器，都应该按要求定期更换自动变速器油，或者停车超过一年时，使用前应将油液全部更换。

任务二　自动变速器油更换

_____学时

班级：	组别：	姓名：	掌握程度：□优　□良　□及格 □不及格
实训目的	根据"任务二"的需求，能够掌握自动变速器油更换的方法。		
安全注意 事项	注意个人及设备安全，规范操作，严格执行6S管理。		
实训器材	整车（如卡罗拉）、自动变速器油、世达工具、自动变速器换油机、整车防护七件套等。		
教学组织	每辆车按6位学员（组长1人、主修1人、辅修1人、观察员1人、评分1人、质检1人）作业，循环操作。		

操作步骤演示

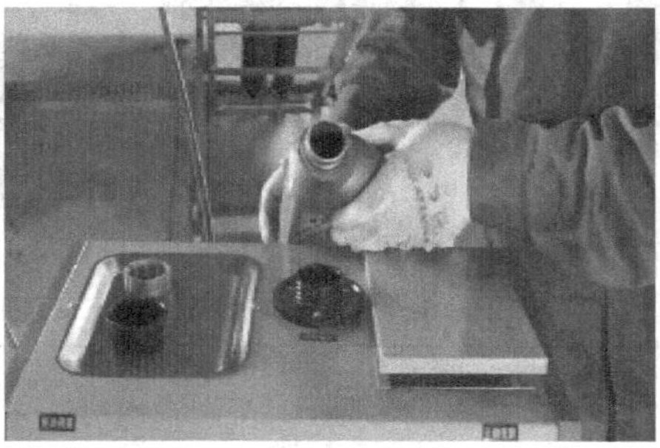

微课

自动变速器油
更换

任务	作业记录内容　☑正确　☒错误
前期准备	□1.护具——整车防护七件套（前翼子板垫/左右翼子板垫/脚垫/转向盘套/座椅套/变速器操作杆套），如图16-5和图16-6所示。（注①）  □图16-5　车外三件套 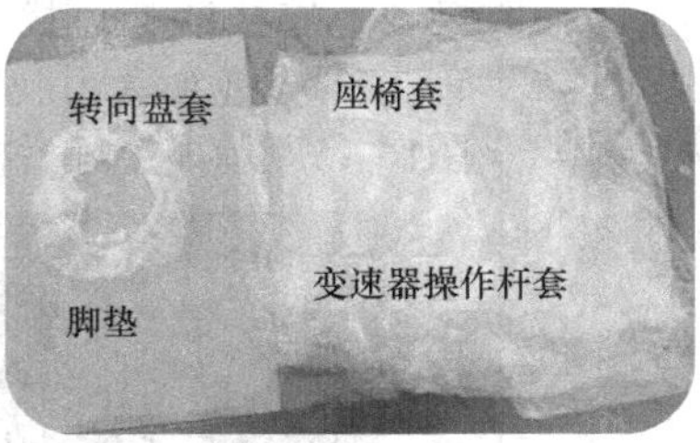　　　　□图16-6　车内四件套 □2.工具与耗材——整车、自动变速器换油机（见图16-7）、自动变速器油（见图16-8）、世达工具（见图16-9）等。

注①：准备工作一定注意四到位。1. 防护到位；2. 工具到位；3. 设备到位；4. 耗材到位。

前期准备	  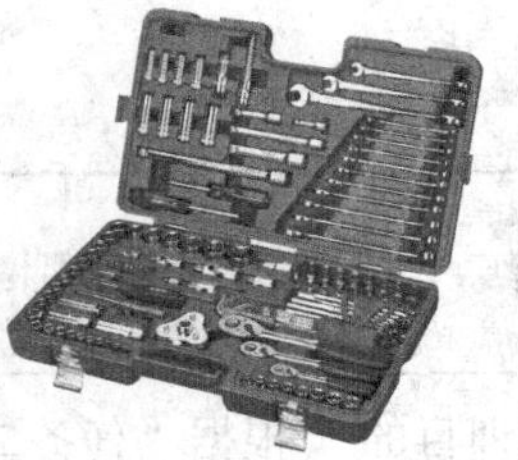  □图 16-7　自动变速器换油机　　□图 16-8　自动变速器油　　□图 16-9　世达工具
安全检查	□检查车辆驻车制动器是否拉起及变速杆是否处于空挡。 □举升车辆前，检查实训台架及周围是否安全。 □举升车辆10～20cm，检查举升机支点位置。 □举升车辆时，检查举升机举升过程。（注②）
防护工作	防护工作的操作步骤如图16-10～图16-12所示。    □图 16-10　人身防护　　　□图 16-11　车身防护　　　□图 16-12　车内防护
操作流程	（一）操作步骤 步骤一　换油准备 □ 1．起动发动机，运转3min进行自动变速器预热，检查自动变速器是否存在泄漏，如有，先进行维修。 　　为什么要进行自动变速器预热？ _____ □ 2．连接油管。找出车上便于拆装的自动变速器与散热器连接的进、回油管，并从接头盒内找到与拆下的接头相配的接头并进行连接，如图16-13～图16-15所示。接好后检查管子是否漏油（不用分辨进、回油管）。  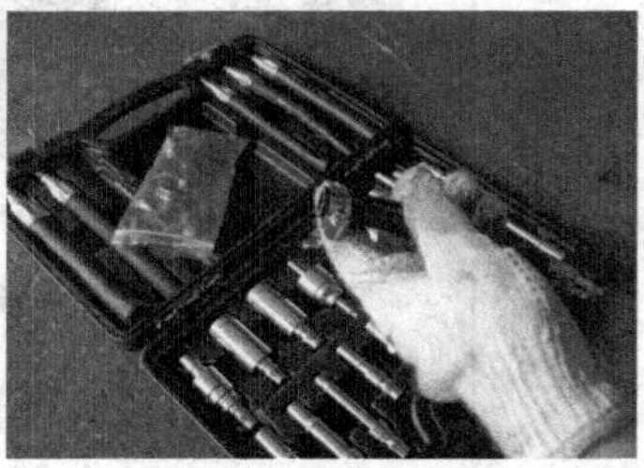 □图 16-13　找到油管　　　　　　□图 16-14　选择合适的接头

注②：举升过程中如果有异常或异响，应立刻停止当前作业并及时和老师联系，不得擅自处理。

操作流程	□ 3．确定自动变速器的型号，查询该车需要加注多少升对应型号的自动变速器油，按需要的量往自动变速器换油机加油口倒入自动变速器油，如图16-16所示。   　□图 16-15　连接适配接头　　　　□图 16-16　加注自动变速器油 **步骤二　自动变速器油更换** □ 1．等量交换。插上自动变速器换油机电源，打开开关，在自动变速器换油机操作面板返回"功能主菜单"中点击"等量交换"按钮，在"等量交换"界面中设置需要的交换量，如图16-17所示。 □ 2．交换量设置完成后，先按自动变速器换油机上的确认按钮，再起动车辆。等量交换开始后，将变速杆从上至下分别推至各挡位，每挡位停留10s。 　　为什么检查油位时需要将变速杆切换到各个挡位一次并且每个挡位停留10s？ _____ _____ □ 3．自动变速器油检查。根据回油颜色，判断是否换油完毕，然后检查汽车自动变速器油的量是否足够，如图16-18所示。如果检查发现汽车自动变速器里的油不够，可以选择设备上的"加注新油"功能加注适量的自动变速器油。   　□图 16-17　设置自动变速器油交换量　　　□图 16-18　检查油位 **步骤三　换油后检查** □ 1．安装油管。确认没有问题后，关闭设备，将换油管拆下，把自动变速器与散热器的进、回油管接上，如图16-19和图16-20所示。 □ 2．外出试车5～10min之后再检查自动变速器是否漏油，检查没有问题后，方可交车给客户。

□图 16-19　拆下换油设备	□图 16-20　安装进、回油管

操作流程	（二）注意事项 1．自动变速器换油机有多种类型，功能各有不同，操作前需阅读使用说明书。 2．拆油管时严禁暴力操作。 3．换油时将变速杆切换到各个挡位一次，每个挡位必须停留约10s。 4．注意6S操作标准。 （三）技术要求 1．自动变速器油的更换周期为4年或8万千米（先到为准）。 2．检查自动变速器油加注量是否合适。 3．更换自动变速器油后，试车检查是否有换挡冲击。
验收	1．质检验收（一般项目）。 同客户试车，确认其是否有异议。　　　　　　　　是□ 否□ 与施工单对照，检查各项目是否完成。　　　　　　是□ 否□ 检查底盘是否正常。　　　　　　　　　　　　　　是□ 否□ 检查工具、设备是否落在车上。　　　　　　　　　是□ 否□ 2．质检验收（重点项目）。 检查自动变速器油液位是否合适。　　　　　　　　是□ 否□ 检查自动变速器是否漏油。　　　　　　　　　　　是□ 否□ 检查自动变速器各挡位是否正常。　　　　　　　　是□ 否□

检查与评估	
6S管理规范 （教师点评）	□整理　　□整顿　　□清扫　　□清洁　　□素养　　□安全
成绩评定 （学生总结）	小组对本人的评定：□优 □良 □及格 □不及格 学生本次任务成绩：□优 □良 □及格 □不及格

专业考核评分表——自动变速器油更换

班级：		组别：	组长：		日期：	

技术标准：1. 自动变速器油检查流程；2. 自动变速器油更换标准及技术要求

序号	作业项目	考核内容	考核标准	分值	扣分	得分
1	准备工作	正确选用工具	选错1次扣1分	5		
2		正确使用工具	用错1次扣1分	5		
3	自动变速器油更换环节	自动变速器预热	没有检查泄漏情况扣5分；没有起动发动机扣5分	10		
4		找到自动变速器进、回油管	自动变速器进、回油管判断不正确扣10分	10		
5		选择适配接头，并连接自动变速器换油机	选择不正确及连接错误，1处扣5分	10		
6		自动变速器换油机中加注新油	未加注新油扣5分	5		
7		打开自动变速器换油机，调整气压及自动变速器油流量	未调整或调整不正确的扣5分	15		
8		观察自动变速器换油机上油管中油的颜色，判断更换油量	不能判断或未初步检漏的扣5分；加注自动变速器油时将油洒在周围的扣5分	15		
9	检查验收环节	自动变速器油加注检查	更换完成后没有每个挡位检查一遍，漏1处扣5分	15		
10		检查自动变速器油的量	如不符合加注量，需补充新油，检查错误扣5分			
11		项目实训时间	0～25min　　10分 25～35min　　7分 ＞35min　　0分	10		

质检员：		评分员：		合计得分	

教师点评

团队合作：优秀□ 良好□ 及格□ 不及格□　　　　**分工明确**：优秀□ 良好□ 及格□ 不及格□

专业标准：优秀□ 良好□ 及格□ 不及格□　　　　**操作规范**：优秀□ 良好□ 及格□ 不及格□

教师签字：	年　　月　　日

注：实训未按规范操作，导致设备损坏或人身伤害，本次考核记0分。

实训项目十七　　动平衡仪

任务一　动平衡仪认知

_____学时

班级：	组别：	姓名：	掌握程度：□优　□良　□及格 □不及格

一、工作任务

1．认识轮胎及动平衡仪。

2．掌握使用动平衡仪的方法。

3．培养职业规范意识，严格遵守设备操作规程。

二、项目认知

当汽车车轮高速旋转起来后如有不平衡状态，不仅会引起车身抖动，严重的会危害行车安全。为了避免或消除这种现象，可在车轮动态情况下通过增加配重的方法，使车轮各边缘均平衡。

1．轮胎品牌

在图17-1分图题的横线上写出各品牌轮胎的生产厂家。举例说明各品牌的轮胎分别应用在哪些车上。

_____

_____

_____

_____

(a) _____　　(b) _____　　(c) _____　　(d) _____

(e) _____　　(f) _____　　(g) _____　　(h) _____

图 17-1　各大轮胎品牌

2．轮胎选用

（1）轮胎标识认知。

① 写出图17-2所示轮胎上的各标识表示的含义。

TREADWEAR 520表示_____。

TEMPERATURE表示_____。

TRACTION AA表示_____。

② 写出图17-3中各字母所指示标识的含义。

A 表示_____；

B表示_____；

C表示_____；

D表示_____。

图17-2　轮胎标识图（一）

图17-3　轮胎标识图（二）

（2）轮胎规格认知。写出图17-4中各字母所表示的含义。

A为_____；B为_____；C为_____；

D为_____；E为_____；F为_____；

G为_____；H为_____。

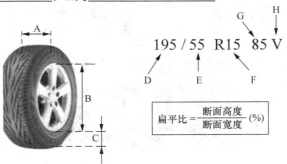

$$扁平比 = \frac{断面高度}{断面宽度}(\%)$$

图17-4　轮胎规格

（3）轮胎气压。

① 图17-5（a）所示的轮胎气压为_____；图17-5（b）所示

的前、后轮胎气压是_____。

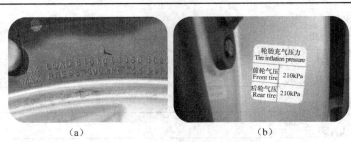

（a）　　　　　　　　　（b）

图 17-5　轮胎标准气压示意位置图

② 如图17-6所示，可以通过观察轮胎的花纹与地面接触的位置判断轮胎气压是否达到标准，请说出还有哪些判断方法。

4～5 个齿着地为正常胎压

图 17-6　轮胎气压是否符合标准的判断方法

3. 轮胎磨损判断

图17-7（a）所示的轮胎磨损原因：_____。

图17-7（b）所示的轮胎磨损原因：_____。

外侧偏磨

内侧偏磨

（a）

（b）

图 17-7　轮胎磨损现象

如图17-8所示，判断轮胎需要更换的理由是：_____

_____。

磨损至极限

一般来说，轮胎的使用周期在5年或2万～5万千米，不过这也需要根据使用路况和驾驶员的驾驶习惯而定，而当轮胎花纹深度小于1.6mm时（花纹磨损至磨损极限标志）就需进行更换。

图 17-8　轮胎磨损极限

4．轮胎换位

根据图17-9写出轮胎换位的方法。

（1）有备胎时：＿＿＿＿＿＿＿＿＿＿＿＿＿＿＿＿＿＿＿＿＿＿＿＿＿＿＿。

（2）前、后轮胎规格不同时：＿＿＿＿＿＿＿＿＿＿＿＿＿＿＿＿＿＿＿＿＿。

（3）后轮驱动或四轮驱动时：＿＿＿＿＿＿＿＿＿＿＿＿＿＿＿＿＿＿＿＿。

（4）前轮驱动时：＿＿＿＿＿＿＿＿＿＿＿＿＿＿＿＿＿＿＿＿＿＿＿＿。

| 有备胎时 | 前、后轮规格不同时 | 后轮驱动或四轮驱动时 | 前轮驱动时 |

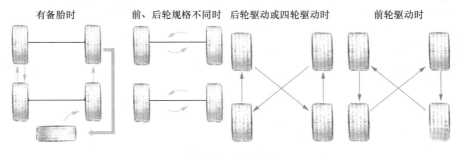

图 17-9　轮胎换位

□ 案例分享 □

——【故障现象】——

一辆行驶里程约1.6万千米的日产轩逸轿车，该车辆高速行驶时车身和转向盘发抖。

——【故障诊断】——

因为该车仅行驶1.6万千米，按照维修经验可能是轮毂上有泥土，或是轮毂受创变形，举升车身观察4个轮胎均很干净也无变形。

试车发现车速升至60km/h左右时，车身和转向盘就开始抖动，速度越快抖动越大，将四轮做动平衡测试，当检测到右前轮时，动平衡严重超出标准范围，动平衡仪显示平衡差值"40"，在轮辋上粘上40g平衡块后再次测试，动平衡仪显示平衡差值"35"，再次粘上35g平衡块后测试，显示平衡差值"45"，反复几次都这样，无法达到标准的轮胎动平衡，仔细观察轮毂、轮胎并无损坏、变形。

拆开轮胎发现轮胎里面有很多乳白色的液体和泡沫，询问客户得知这个轮胎之前出现过慢漏现象，因为客户家离4S店较远，就在其他修理店补过胎（添加补漏剂）。

【故障排除】

处理补胎液后重新做动平衡后再次试车，故障排除。

【故障原因】

轮胎里的补胎液是流动的，会随着轮胎转动到处流动，从而使轮胎失去平衡。

【案例总结】

车轮动平衡出现偏差是汽车使用中易出现的故障，一般车辆行驶2万千米时，轮胎前后左右调换一次，最好在4万千米做一次动平衡。定期做动平衡的原因如下所述。

1. 轮毂轻微变形及轮胎的磨损导致车轮动平衡出现偏差。
2. 对于本身就是软性材料的轮胎来说也存在失圆的因素。
3. 轮辋和轮胎这两个部分组装在一起后自然也不能保证是一个质量绝对对称的圆形物体。
4. 轮辋在制造和运输过程中也会有导致失圆的因素。

所以当车轮动平衡出现偏差后会使车辆出现不正常振动、在高速行驶时"发飘"等现象。

任务二 动平衡仪规范操作

_____学时

班级：	组别：	姓名：	掌握程度：□优　□良　□及格 □不及格

实训目的	根据"任务二"的需求，能够掌握动平衡仪的操作方法及注意事项。
安全注意事项	注意个人及设备安全，规范操作。
实训器材	整车防护七件套、嵌入式平衡块、粘贴式平衡块、世达工具、动平衡仪、车轮、锥套、锁紧扳手等。
教学组织	每辆车按6位学员（组长1人、主修1人、辅修1人、观察员1人、评分1人、质检1人）作业，循环操作。
操作步骤演示	 微课 动平衡仪规范操作

任务	作业记录内容　☑正确　☒错误
前期准备	□ 1. 护具——整车防护七件套（前翼子板垫/左右翼子板垫/脚垫/转向盘套/座椅套/变速器操作杆套），如图17-10和图17-11所示。（注①）  前翼子板垫　左右翼子板垫 转向盘套　座椅套 脚垫　变速器操作杆套 □图 17-10　车外三件套 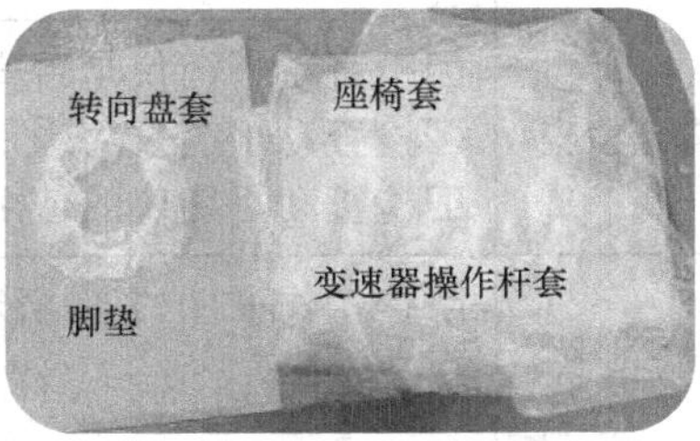　　　□图 17-11　车内四件套 □2. 工具及耗材——动平衡仪、世达工具、车轮、嵌入式平衡块/粘贴式平衡块、锥套、锁紧扳手，如图17-12～图17-17所示。

注①：准备工作一定注意四到位。1. 防护到位；2. 工具到位；3. 设备到位；4. 耗材到位。

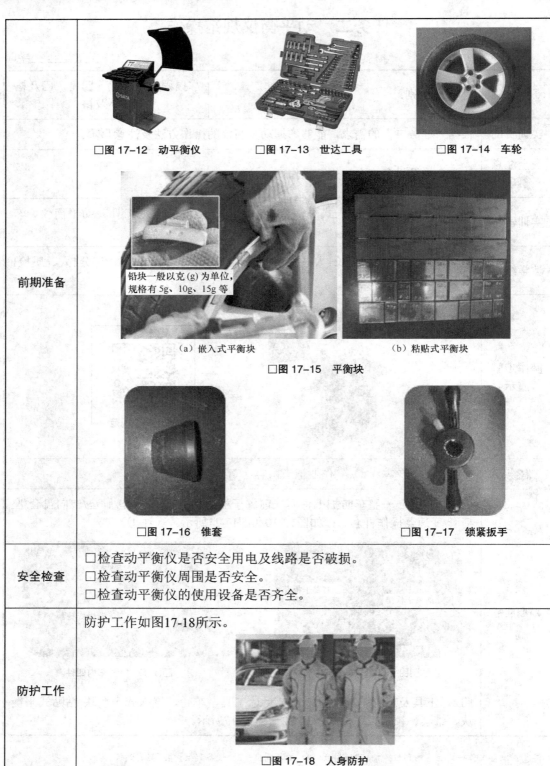

前期准备	 □图 17-12　动平衡仪　　□图 17-13　世达工具　　□图 17-14　车轮 铅块一般以克(g)为单位，规格有 5g、10g、15g 等 （a）嵌入式平衡块　　　　　（b）粘贴式平衡块 □图 17-15　平衡块 □图 17-16　锥套　　　　　　□图 17-17　锁紧扳手
安全检查	□检查动平衡仪是否安全用电及线路是否破损。 □检查动平衡仪周围是否安全。 □检查动平衡仪的使用设备是否齐全。
防护工作	防护工作如图17-18所示。 □图 17-18　人身防护

（一）操作步骤

步骤一　判断车轮是否需要做动平衡的依据

□ 1. 车辆以较高速度行驶时，出现车轮抖动、转向盘抖动（见图17-19），啃胎（轮胎出现锯齿形磨损）（见图17-20）现象等，都有可能是车轮动态不平衡所导致的。

□ 图 17-19　转向盘抖动

□ 图 17-20　啃胎

□ 2. 更换轮辋、更换轮胎、补胎、加装胎压监测模块、更换不同材质的气门嘴（见图17-21）等时，都需要做动平衡。不同材质的气门嘴质量也有所不同，这些看起来非常微小的质量差异都会影响车轮转动时的平衡。

（a）橡胶材质

（b）钢材质

（c）铝合金材质

□ 图 17-21　改装气门嘴

步骤二　对车轮进行动平衡

□ 1. 对动平衡仪进行安全检查，检查其电源线、按键等有无异常。

□ 2. 清洁轮胎上的泥土、石子等，去除平衡块，清洁轮辋，如图17-22～图17-24所示。（注②）

操作流程

注②：挑石子时不要对着人，要用手括着石子。

□图 17-22　清洁轮胎表面　　□图 17-23　去除平衡块　　□图 17-24　清洁轮辋

□ 3．安装车轮至动平衡仪的平衡轴上，如图17-25所示。用锥套和专用车轮锁紧扳手将车轮固定在平衡轴上并锁紧，如图17-26所示。

□图 17-25　安装车轮　　　　　　　□图 17-26　检查紧固情况

操作流程

□ 4．测量动平衡仪与车轮间的距离*a*并在动平衡仪中输入数据*a*，如图17-27和图17-28所示。（注③）

□图 17-27　测量数据 *b*　　　　　　□图 17-28　输入测量的数据 *a*

□ 5．测量轮辋的宽度*b*并在动平衡仪中输入数据*b*，如图17-29和图17-30所示。

□图 17-29　测量数据 *b*　　　　　　□图 17-30　输入测量的数据 *b*

注③：输入数据要准确。

操作流程	□ 6. 在轮胎上找到轮胎的直径d并在动平衡仪中输入数据d，如图17-31和图17-32所示。   □图 17-31　测量数据 d　　　　□图 17-32　输入测量的数据 d □ 7. 开始动平衡测试，根据屏幕提示，选择相应质量的平衡块进行粘贴或嵌入，如图17-33～图17-35所示。（注④）  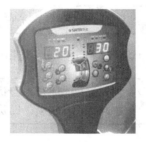  □图 17-33　开始测试　　□图 17-34　读取测量数据　　□图 17-35　选择平衡块 □ 8. 在图17-36箭头所指的正对位置，靠近轮辋边缘处粘贴或嵌入平衡块，如图17-36和图17-37所示。   □图 17-36　选择粘贴位置　　　　□图 17-37　粘贴平衡块 □ 9. 再次对车轮进行动平衡检查，当仪器数据显示两侧为零时，动平衡成功。（注⑤）

注④：根据轮胎材质等因素选择粘贴式平衡块或嵌入式平衡块。

注⑤：极端情况下平衡值可以为5g。

操作流程	□ 10．取下车轮，清洁工作场地，操作完成。 **（二）车轮动平衡仪使用的注意事项** 1．注意清除轮胎表面的泥土、石子及旧的平衡块。 2．检查车轮动平衡仪按键是否正常。 3．在动平衡仪运转时切记不可用手去阻挡车轮转动。 4．工作完成后对工位进行清洁。 **（三）技术要求** 1．测量数据要准确。 2．检查轮胎及轮辋是否有变形。 3．粘贴平衡块的位置要正确。
验收	1．不平衡质量小于5g，指示装置会显示"00"或"OK"，表示这种平衡结果最为理想。 2．检测评定：小型车不平衡质量不大于10g，重型车不大于20g，且每侧轮辋边缘所加平衡块以不超过3块为宜。
检查与评估	
6S管理规范 （教师点评）	□整理 □整顿 □清扫 □清洁 □素养 □安全
成绩评定 （学生总结）	小组对本人的评定：□优 □良 □及格 □不及格 学生本次任务成绩：□优 □良 □及格 □不及格

专业考核评分表——动平衡仪规范操作

班级：		组别：	组长：		日期：		

技术标准：1. 动平衡仪使用规范；2. 车轮不平衡的检测及维修方法

序号	作业项目	考核内容	考核标准	分值	扣分	得分
1	准备环节	正确选用工具	选错1次扣1分	5		
2		正确使用工具	用错1次扣1分	5		
3	动平衡仪的准备和使用环节	动平衡仪安全检查	没有检查电源扣5分；没有检查按键是否正常扣5分	10		
4		轮胎清洁	轮胎没有清洁泥土和石子，1处扣5分	10		
5		安装车轮	没有选择合适的锥套固定车轮扣10分	10		
6		数据输入	动平衡仪与车轮距离输错扣5分；轮辋宽度输错扣5分；轮胎直径输错扣5分	15		
7		测试平衡	根据动平衡仪检测数据，选择平衡块，1处不正确扣5分	10		
8		查找平衡位置，贴平衡块	查找平衡位置和贴平衡块位置，1处不正确扣5分	15		
9	检查验收环节	二次检查	二次检查时，第一次贴的平衡块掉落扣10分	10		
10	项目实训时间		0～25min　　10分 25～35min　　7分 >35min　　0分	10		
质检员：		评分员：		合计得分		

教师点评：

团队合作：优秀□ 良好□ 及格□ 不及格□　　　　**分工明确**：优秀□ 良好□ 及格□ 不及格□

专业标准：优秀□ 良好□ 及格□ 不及格□　　　　**操作规范**：优秀□ 良好□ 及格□ 不及格□

教师签字：	年　　　月　　　日

注：实训未按规范操作，导致设备损坏或人身伤害，本次考核记0分。

实训项目十八 —— 汽车四轮定位

任务一　汽车四轮定位认知

_____学时

班级：	组别：	姓名：	掌握程度：□优　□良　□及格 □不及格

一、工作任务

1．了解四轮定位的参数及作用。

2．掌握四轮定位的方法。

3．培养良好的职业道德素质，具备严谨的工程技术思维习惯和精益求精的大国工匠精神。

二、项目认知

在汽车常规保养中经常见到车辆跑偏，轮胎啃胎，车辆直线行驶时转向盘不正、转向盘不自动回位等故障，这时仅仅靠换轮胎、转向球头等部件是不能解决问题的，需要用到四轮定位来排除故障。

1．四轮定位参数及作用

（1）将图18-1～图18-3所示的参数名称填写在方框中。

（2）如图18-4所示，写出主销后倾角的定义及作用。

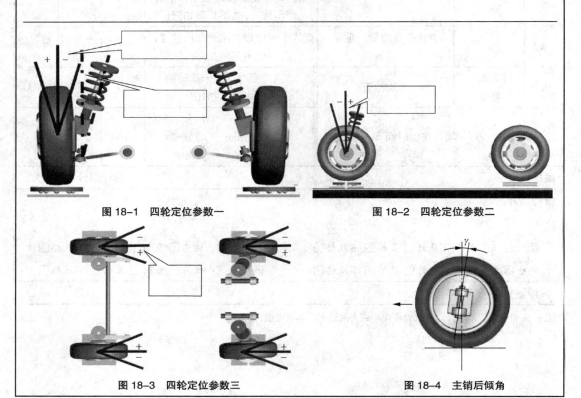

图 18-1　四轮定位参数一　　　　图 18-2　四轮定位参数二

图 18-3　四轮定位参数三　　　　图 18-4　主销后倾角

（3）如图18-5所示，写出主销内倾角的定义及作用。

_____

_____

（4）如图18-5所示，写出车轮外倾角的定义及作用。

_____

_____

（5）如图18-6所示，写出前轮前束的定义及作用。

_____

_____

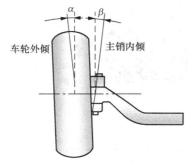

图18-5　车轮外倾角和主销内倾角

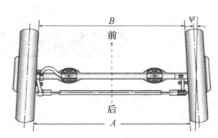

图18-6　前轮前束

2．四轮定位仪

如图18-7～图18-9所示，四轮定位仪的作用是什么？主要由哪几部分组成？

_____

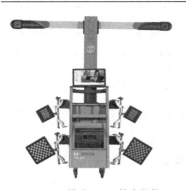

图18-7　博世3D四轮定位仪

图18-8　上海一成 YC-808XD2 大小车四轮定位仪

图18-9　开拓者 KT-1380 四轮定位仪

3．四轮定位数据及调整

（1）如图18-10所示，如何判断四轮定位数据是否正常？

_____

_____

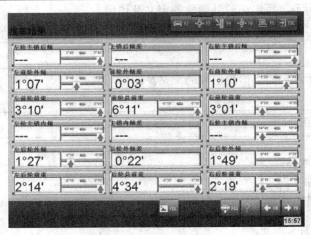

图18-10　四轮定位数据

（2）如何调整前轮前束与车轮外倾角？

_____

_____

4．需要做四轮定位的情况

车辆出现哪些故障需要做四轮定位？

_____

_____

_____

···················· □ 案例分享 □ ····················

————【故障现象】————

一辆帕杰罗 V33，行驶里程超过 25 万千米，直线行驶时必须紧握转向盘，否则车辆行驶方向马上偏右。

————【故障诊断】————

检查转向系统、制动系统及行驶系统均无明显异常。

该车采用发动机前置后轮驱动形式；前悬架为不等长双横臂独立悬架，下控制臂是非"I"字形 A 架结构，上控制臂可用调整垫片厚度的方式来调整前轮外倾角和主销后倾角；后悬架采用非独立悬架,定位参数不可调。

理论分析和实践证实,对于后轮驱动的汽车,左、右前轮主销后倾角差异太大是引起跑偏严重的主要因素。因此推断此车主要是因为右前轮主销后倾角过小引起直行时偏右严重。

用四轮定位仪检测出的数据证实了上述的推断,右前轮主销后倾角竟然为 −2° 25′,左前轮主销后倾角是 1° 21′。其他数据均无异常。如果能够想办法使右前轮主销后倾角接近左前轮主销后倾角,问题应能得到解决。那么我们应采取什么样的办法来调整呢?

●————【故障排除】————●

根据帕杰罗 V33 的维修手册,在前悬架上控制臂的前端垫片厚度不变的情况下,后端每增加 1mm 的垫片,则主销后倾角增加约 27′,根据这些数据,计算出要使右前轮主销后倾角接近左前轮主销后倾角,应在右上控制臂后端增加垫片的厚度: [1° 21′−(−2° 25′)]/27′ ≈ 8(mm),在右上控制臂后端加 8mm 的垫片而前端的垫片厚度不变,再用四轮定位仪检测,数据显示两边的主销后倾角值已基本接近了,重新调整前束角后试车,故障已彻底消除。

●————【故障原因】————●

汽车在行驶过程中,使上摆臂向后窜动有多种原因,主要有以下几方面。
1. 紧急制动。
2. 不同程度的碰撞。
3. 车辆快速驶上路肩。

在这些情况下,上控制臂和车轮已减速或制动,但车身因惯性仍向前运动,上控制臂必然要被向后推动,久而久之,主销后倾角便变小甚至变成负值了。

●————【案例总结】————●

汽车跑偏的原因,除了上述的故障,还有其他方面的因素,可以归纳如下。
1. 两侧的轮胎花纹不一样或花纹深度不一样。
2. 两侧轮胎气压不等。轮胎气压不等会使轮胎变得大小不一样,滚动起来必然会跑偏。
3. 前减振器弹簧变形,使两侧缓冲不一致。
4. 前减振器失效。前减振器失效后在车辆行驶中两悬架一高一低,受力不均匀,导致跑偏。
5. 车辆底盘部件磨损过大,存在不正常间隙。转向横拉杆球头、支撑臂胶套、稳定杆胶套等是常见的间隙易过大的部位,应举升车辆仔细检查。
6. 轮胎的制动器回位不良发生分离也会导致方向跑偏。
7. 车架总体变形。
8. 在安装轮胎(单边胎)时,没有注意花纹方向(不能同向)。

任务二 汽车四轮定位实训

_____学时

班级：		组别：		姓名：		掌握程度：□优 □良 □及格 □不及格
实训目的		根据"任务二"的需求，能够掌握汽车四轮定位的方法。				
安全注意 事项		注意个人及设备安全，规范操作，严格执行6S管理。				
实训器材		整车、四轮定位仪、剪式举升机、掩木、定位传感器、世达工具、整车防护七件套、转向盘支架、扭力扳手等。				
教学组织		每辆车按6位学员（组长1人、主修1人、辅修1人、观察员1人、评分1人、质检1人）作业，循环操作。				

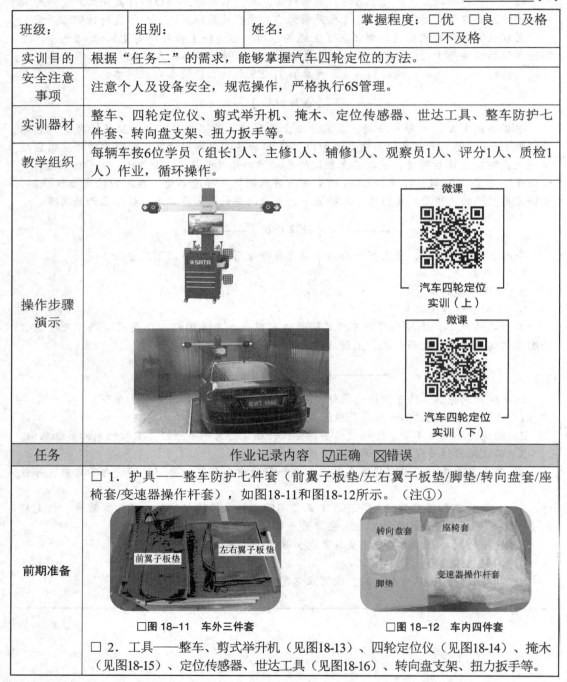

微课

汽车四轮定位
实训（上）

微课

汽车四轮定位
实训（下）

任务	作业记录内容 ☑正确 ☒错误
前期准备	□ 1. 护具——整车防护七件套（前翼子板垫/左右翼子板垫/脚垫/转向盘套/座椅套/变速器操作杆套），如图18-11和图18-12所示。（注①） 前翼子板垫　左右翼子板垫 转向盘套　座椅套　脚垫　变速器操作杆套 □图 18-11　车外三件套　　　　□图 18-12　车内四件套 □ 2. 工具——整车、剪式举升机（见图18-13）、四轮定位仪（见图18-14）、掩木（见图18-15）、定位传感器、世达工具（见图18-16）、转向盘支架、扭力扳手等。

注①：准备工作一定注意四到位。1. 防护到位；2. 工具到位；3. 设备到位；4. 耗材到位。

前期准备	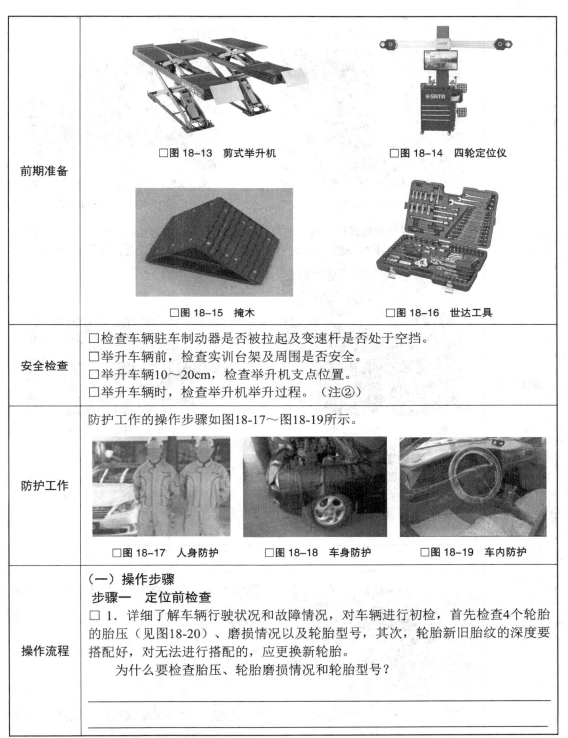

□图 18-13 剪式举升机　　　　□图 18-14 四轮定位仪

□图 18-15 掩木　　　　□图 18-16 世达工具

安全检查	□检查车辆驻车制动器是否被拉起及变速杆是否处于空挡。 □举升车辆前，检查实训台架及周围是否安全。 □举升车辆10～20cm，检查举升机支点位置。 □举升车辆时，检查举升机举升过程。（注②）
防护工作	防护工作的操作步骤如图18-17～图18-19所示。 □图 18-17 人身防护　　　□图 18-18 车身防护　　　□图 18-19 车内防护
操作流程	（一）操作步骤 **步骤一　定位前检查** □ 1．详细了解车辆行驶状况和故障情况，对车辆进行初检，首先检查4个轮胎的胎压（见图18-20）、磨损情况以及轮胎型号，其次，轮胎新旧胎纹的深度要搭配好，对无法进行搭配的，应更换新轮胎。 　　为什么要检查胎压、轮胎磨损情况和轮胎型号？ _____ _____

注②：举升过程中如果有异常或异响，应立刻停止当前作业并及时和老师联系，不得擅自处理。

□ 2．严格检查底盘的每一个悬架零件是否有松动情况，如图18-21所示。

□图 18-20　检查胎压

□图 18-21　检查底盘悬架

□ 3．将车辆开到剪式举升机上，并用掩木固定车轮，如图18-22所示。车辆轮胎要压到移动圆盘上不可偏移，安装定位传感器并调整到水平位置，如图18-23所示。

操作流程

□图 18-22　车辆开到剪式举升机上

□图 18-23　安装定位传感器

步骤二　四轮定位

□ 1．用转向盘支架锁止转向盘，如图18-24所示。打开四轮定位仪并选择车型，根据提示一步一步操作，如图18-25所示。注意：此时不要将驻车制动器拉起。

　　为什么要锁止转向盘？为什么不要拉驻车制动器？

□图 18-24　锁止转向盘

□图 18-25　打开四轮定位仪

| 操作流程 | □ 2．查看显示器显示的数据并调整前轮的前束角和外倾角、主销后倾角、主销内倾角。（注③）

□ 3．前轮前束数据可以通过左、右两侧转向横拉杆来调整，可以解决转向盘不正的问题。

□ 4．前轮外倾角可以通过偏心螺栓来调整，如图18-26所示。如果定位数据偏差过大，通常更换悬架相关部件来解决，当然维修成本会比较高。

□图 18-26　数值调整

□ 5．调整至各个数据显示正常为止，保存数据并打印，如图18-27所示。四轮定位仪都有显示屏，显示屏左右两侧分别显示了车辆左右两侧定位的数据，通常绿区范围表示合乎标准，红区表示超标需要调整。（注④）

□ 6．拆卸传感器，将车辆复位，如图18-28所示。

□图 18-27　查看数据　　　　□图 18-28　拆卸传感器

（二）注意事项
1．车型不要输入错误。
2．掩木一定要掩到位，避免溜车。
3．四轮定位前要检查底盘、胎压。
（三）技术要求
1．检查轮胎是否压在移动圆盘上。
2．转向盘是否打正锁止。

彩图

图 18-27 |

注③：部分车型主销后倾角、主销内倾角为原厂设定，后期不可调整。4S店维修人员在进行四轮定位时，通常是不调整这两项数据的。

注④：不但要关注四轮定位数据是否在绿区内，还要关注左、右侧显示的数据是否一致。如果左、右两侧数据不一致，即便定位数据在绿区范围内，看起来合乎标准，实际驾驶车辆时也可能存在行驶性能方面的问题。

操作流程	3．检查底盘部件是否有变形处。 4．检查四轮定位数据是否准确。	
验收	同客户试车，确认其是否有异议。 与施工单对照，检查各项目是否完成。 检查底盘是否正常。 检查工具、设备是否落在车上。 检查各螺栓是否按规定力矩拧紧。 检查汽车四轮定位数据是否准确。 检查车辆故障是否排除。	是□ 否□ 是□ 否□ 是□ 否□ 是□ 否□ 是□ 否□ 是□ 否□ 是□ 否□
检查与评估		
6S管理规范 （教师点评）	□整理　□整顿　□清扫　□清洁　□素养　□安全	
成绩评定 （学生总结）	小组对本人的评定：□优 □良 □及格 □不及格 学生本次任务成绩：□优 □良 □及格 □不及格	

专业考核评分表——汽车四轮定位实训

班级：		组别：	组长：		日期：		

技术标准：1. 汽车四轮定位操作流程规范；2. 汽车四轮定位调整方法及注意事项

序号	作业项目	考核内容	考核标准	分值	扣分	得分
1	准备环节	正确选用工具	选错1次扣1分	5		
2		正确使用工具	用错1次扣1分	5		
3	轮胎更换环节	轮胎、底盘检查	轮胎气压未检查扣5分；底盘没有检查扣5分	10		
4		汽车进入检测台	轮胎未压在移动圆盘上扣10分	10		
5		固定轮胎、转向盘	没有按要求操作，1处扣5分	10		
6		打开四轮定位仪测试	选择车型准确、填写内容规范，少1项扣2分	5		
7		根据四轮定位仪提示进行操作	未按提示去做，错1次扣3分	15		
8		根据四轮定位仪提示判断故障点	根据数据准确分析故障点，否则扣10分	10		
9		使用工具调整或修正故障点	调整确定的故障点，修复故障，如不能修复，说出原因，否则扣10分	10		
10	检查验收环节	二次检查	再次检查，显示的数据应变成绿色，不能调的需说出解决的方法，否则扣10分	10		
11	项目实训时间		0～15min　　10分 15～17min　　7分 >17min　　0分	10		

质检员：		评分员：		合计得分	

教师点评：

团队合作：优秀□ 良好□ 及格□ 不及格□　　　　**分工明确**：优秀□ 良好□ 及格□ 不及格□

专业标准：优秀□ 良好□ 及格□ 不及格□　　　　**操作规范**：优秀□ 良好□ 及格□ 不及格□

教师签字：	年　　　月　　　日

注：实训未按规范操作，导致设备损坏或人身伤害，本次考核记0分。

实训项目十九 — 扒胎机

任务一 扒胎机认知

_____学时

班级：	组别：	姓名：	掌握程度：□优　□良　□及格 □不及格

一、工作任务

1. 了解扒胎机的作用及结构。
2. 掌握扒胎机的使用方法。
3. 培养铭记荣光、牢记使命、不畏压力、迎难而上的精神。

二、项目认知

扒胎机也叫拆胎机或轮胎拆装机。扒胎机的作用是，在汽车维修过程中，能方便顺利地把车轮的轮辋和轮胎分离或组装。

1. 轮胎认知

写出图19-1中各字母所表示的结构名称。

A为_____；B为_____；C为_____；

D为_____；E为_____；F为_____；

G为_____；H为_____；J为_____。

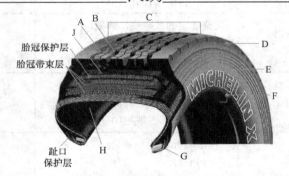

图 19-1　轮胎分析图

2. 轮胎气压

（1）提示位置。根据图19-2，请写出轮胎气压（胎压）提示位置：_____
_____。

图 19-2　标准轮胎气压提示位置

（2）根据上海大众汽车维修手册或上网查询资料填写表19-1所列车型的胎压。

表19-1　　　　　　　　　　　　　部分车型的胎压

车型	轮胎型号	半载胎压/10^5Pa		满载胎压/10^5Pa	
		前轮	后轮	前轮	后轮
Polo	185/60 R14				
Polo	195/50 R15				
Polo	195/55 R16				
新Polo	185/60 R15				
新领驭	205/55 R16				
途安	205/55 R16				
新途安	205/55 R16				
朗逸1.6L	195/65 R15				
朗逸1.4L	205/55 R16				
途观	215/65 R16				

（3）影响胎压的其他因素。

① 季节性因素：在冬季，以轮胎标准气压为基准适当＿＿＿＿＿＿＿＿＿＿0.02 MPa左右；夏季若车子露天停放，轮胎气压一般可以比标准气压＿＿＿＿＿＿＿＿＿＿0.01 MPa左右，以免高温爆胎，如图19-3所示。不同季节，所使用的轮胎花纹也不同，冬季使用＿＿＿＿＿＿＿＿＿＿轮胎，夏季使用＿＿＿＿＿＿＿＿轮胎，如图19-4和图19-5所示。

图 19-3　爆胎　　　　　　图 19-4　夏季使用轮胎　　　　图 19-5　冬季使用轮胎

② 轮胎状况。

➢ 新轮胎胎压可以按汽车轮胎标准气压＿＿＿＿＿＿＿＿＿0.02MPa左右；舒适性花纹的轮胎，按轮胎标准气压适当＿＿＿＿＿＿＿＿＿＿0.02MPa左右。

➢ 如图19-6所示，"MAX PRESS 300kPa（44P.S.I.）"指该轮胎在正常情况下最大安全充气气压为＿＿＿＿＿＿＿＿＿＿＿＿＿＿＿＿＿＿。

3．轮胎充气

（1）如图19-7所示，给轮胎充氮气会有如下好处，请说出各好处的原理。

充氮气机

所充气体为氮气

胎压一般在
2.2～2.5MPa

图 19-6　轮胎标准气压提示标志　　　　　　　图 19-7　轮胎充氮气

① 减少爆胎：_____。

② 延缓轮胎气压下降：_____。

③ 减少油耗：_____。

（2）赛车轮胎要充氮气的原因：_____。

4．轮胎规范使用

根据图19-8，写出轮胎使用不规范的后果。

_____

_____

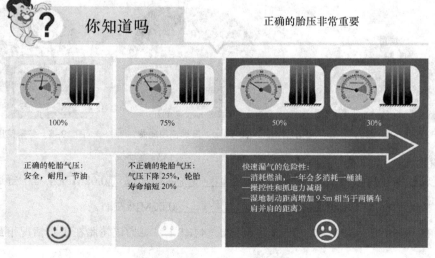

你知道吗

正确的胎压非常重要

100%　　　75%　　　50%　　　30%

正确的轮胎气压：
安全，耐用，节油

不正确的轮胎气压：
气压下降25%，轮胎
寿命缩短20%

快速漏气的危险性：
—消耗燃油，一年会多消耗一桶油
—操控性和抓地力减弱
—湿地制动距离增加 9.5m 相当于两辆车
　肩并肩的距离）

图 19-8　轮胎规范使用

□ 案例分享 □

● 【故障现象】

一辆 2010 年产奥迪 A6L 2.4 轿车,搭载 BDW 型发动机,匹配 01J 型 CVT(无级变速器)。该车在行驶里程约 3 万千米时就出现过仪表板上 TPMS(轮胎压力监控系统)报警灯点亮的现象。每次故障出现时,都自行检查各轮胎的气压并存储胎压后报警灯熄灭,但车辆行驶一段时间后 TPMS 报警灯又会点亮,随着故障变得愈加频繁,不得不维修。

● 【故障诊断】

维修人员首先连接故障诊断仪对车辆进行检测,发现 TPMS 控制单元中存储有含义为"轮胎直径信号不可靠 / 偶发"的故障码。

首先进行常规检查,检查轮胎外观、尺寸及充气压力均正常,检查轮辋尺寸也没有问题。询问用户得知,该车从来未更换过轮胎,仔细观察各轮胎花纹磨损状况,磨损也很均匀。进行试车,发现该车在存储胎压后行驶约几千米后 TPMS 报警灯就会点亮。

观察数据流,报警时各轮胎的胎压均为 255kPa,这说明各轮速信号无异常。根据维修经验,先试换了 TPMS 控制单元 J793,但试车故障依旧。于是又同时试换了 4 个相同的车轮。经长时间试车,发现故障消失了,由此可以判定问题就出在轮胎的尺寸差异上。为了验证以上判断,再次安装原车的 4 个车轮,果然在行驶到 4.3km 时又出现了 TPMS 报警灯点亮的情况。

为了弄清究竟是哪个车轮导致的系统报警,决定用备胎分别替换 4 个车轮进行观察。首先将备胎安装在右前轮位置,试车行驶 5.6km 后 TPMS 报警灯点亮;然后将备胎安装在左前轮位置,试车行驶 4.8km 后 TPMS 报警灯点亮;将原车左前轮安装在左后轮位置上,试车行驶 6.5km 后 TPMS 系统报警灯点亮;将原车左后轮安装在右后轮位置上,试车行驶 50km,故障消失;将左前轮装回原位置,将备胎安装在右后轮位置,试车行驶 17.5km,故障消失;将原车右后轮安装回原位,试车行驶 5.3km 后,TPMS 报警灯再次点亮。至此,可以确定故障就出在右后轮上。

● 【故障排除】

对于该车的故障,通过多次轮胎换位试车观察分析,可以确定该车正是由于右后轮胎的制造或质量误差,导致 TPMS 控制单元 J793 在巧合的轮胎对应关系下误认为轮胎气压不足报警,更换新胎后,故障排除。

● 【故障原因】

新款奥迪 A6L 轿车采用间接测量的 TPMS,因此车轮中没有安装胎压传感器。TPMS 控制单元 J793 通过舒适系统总线接收 ESP(车身电子稳定系统)控制单元 J104 传送来的 4 个轮速传感器的速度信号,并监控轮胎振动,来分析判断轮胎是否失压。TPMS 系统按照 2 种不同的监控分析方案同时进行分析,可以识别出多个轮胎上的气压损失而报警。

● 【案例总结】

当遇到此故障时,可以采用的调换方法是:用新轮胎按照顺时针或逆时针的方向逐一替换某个轮胎,将其他 3 个车轮的位置不变,通过轮胎换位使各车轮间组成新的对应关系,替换后,故障排除,则可以确定故障点。

任务二　扒胎机规范使用

_____学时

班级：	组别：	姓名：	掌握程度：□优　□良　□及格 □不及格

实训目的	根据"任务二"的需求，能够掌握扒胎机的使用方法。
安全注意事项	注意个人及设备安全，规范操作。
实训器材	世达工具、扒胎机、专用润滑脂、整车防护七件套、胎压表、撬棍、气门芯钥匙、车轮、新外胎、轮胎花纹深度尺、毛巾等。
教学组织	每辆车按6位学员（组长1人、主修1人、辅修1人、观察员1人、评分1人、质检1人）作业，循环操作。
操作步骤演示	 微课 扒胎机规范使用

任务	作业记录内容　☑正确　☒错误
前期准备	□ 1．护具——整车防护七件套（前翼子板垫/左右翼子板垫/脚垫/转向盘套/座椅套/变速器操作杆套），如图19-9和图19-10所示。（注①）  前翼子板垫　左右翼子板垫 □图19-9　车外三件套 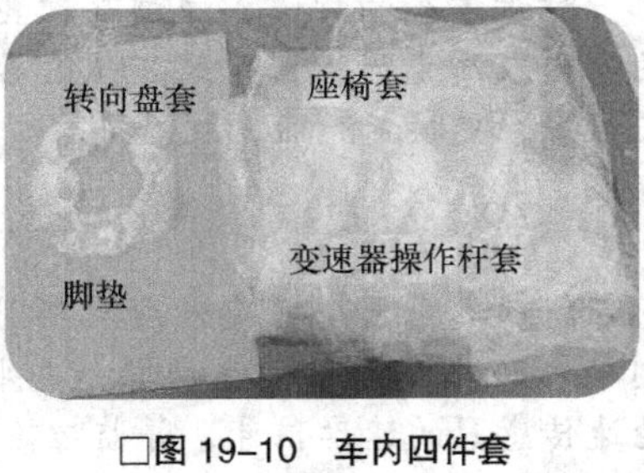 转向盘套　座椅套　变速器操作杆套　脚垫 □图19-10　车内四件套 □ 2．工具及耗材——扒胎机（见图19-11）、胎压表（见图19-12）、撬棍和气门芯钥匙（见图19-13）、车轮（见图19-14）、专用润滑脂、新外胎、毛巾、世达工具（见图19-15）、轮胎花纹深度尺等。

注①：准备工作一定注意四到位。1. 防护到位；2. 工具到位；3. 设备到位；4. 耗材到位。

前期准备	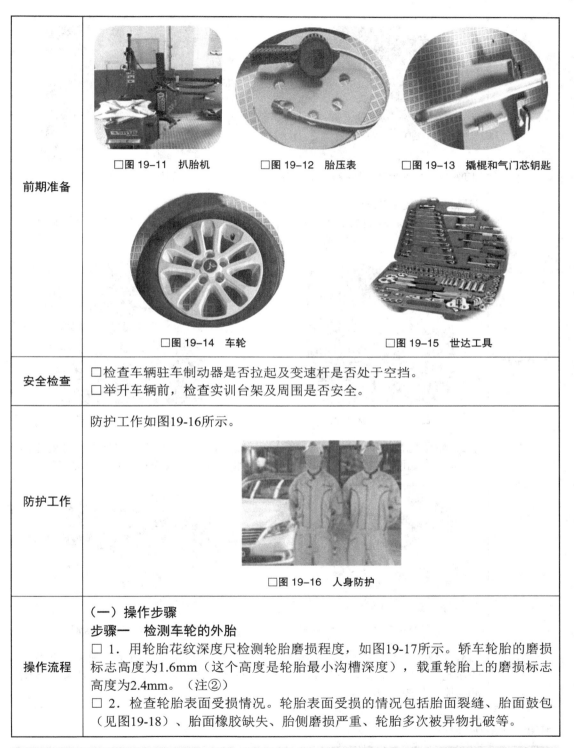□图 19-11　扒胎机　　□图 19-12　胎压表　　□图 19-13　撬棍和气门芯钥匙 □图 19-14　车轮　　　　　　□图 19-15　世达工具
安全检查	□检查车辆驻车制动器是否拉起及变速杆是否处于空挡。 □举升车辆前，检查实训台架及周围是否安全。
防护工作	防护工作如图19-16所示。 □图 19-16　人身防护
操作流程	（一）操作步骤 **步骤一　检测车轮的外胎** □ 1．用轮胎花纹深度尺检测轮胎磨损程度，如图19-17所示。轿车轮胎的磨损标志高度为1.6mm（这个高度是轮胎最小沟槽深度），载重轮胎上的磨损标志高度为2.4mm。（注②） □ 2．检查轮胎表面受损情况。轮胎表面受损的情况包括胎面裂缝、胎面鼓包（见图19-18）、胎面橡胶缺失、胎侧磨损严重、轮胎多次被异物扎破等。

注②：注意轮胎花纹深度尺的规范使用。

□图 19-17　用轮胎花纹深度尺检测磨损程度

□图 19-18　胎面鼓包

步骤二　轮胎的剥离

□ 1．清洁轮胎表面的石子、泥沙、旧平衡块并将其放气，如图19-19和图19-20所示。（注③）

操作流程

□图 19-19　清理轮胎

□图 19-20　轮胎放气

□2．轮胎垂直放置（注④），将分离铲放在轮胎上，确定分离铲与轮辋的距离为10mm，如图19-21所示。操作扒胎机，将轮胎与轮辋分开，如图19-22所示。

10mm

□图 19-21　分离铲与轮辋间距

□图 19-22　分离轮辋与轮胎

□3．将轮辋固定在扒胎机工作盘上（注⑤），如图19-23所示。使用辅助臂上的压轮压下轮胎外侧，下压30～50mm，旋转工作盘，用毛刷在轮胎缘涂抹专用润滑脂，如图19-24所示。

注③：气门芯的拆装操作要正确。

注④：轮胎要垂直放置，防止分离铲损伤轮辋。

注⑤：扁平轮胎使用内锁固定；一般轮胎使用外锁固定。

□ 图 19-23 固定轮辋

□ 图 19-24 涂抹润滑脂

□ 4．彻底分离轮胎与轮辋，以拆装器的一端为支点，用撬棍撬起轮胎上缘并搭在拆装头上，踩下工作盘旋转踏板，使工作盘和轮胎一起旋转，使轮胎上缘脱离轮辋，如图19-25所示。使用辅助臂，将轮胎内侧与轮辋剥离，如图19-26所示。（注⑥）

□图 19-25 撬起轮胎上缘

□图 19-26 剥离轮胎内侧

操作流程

□ 5．剥离轮胎圈下缘，用撬棍伸入轮胎内侧并将其搭在拆装头上，如图19-27所示，正向旋转工作盘，整个轮胎脱离轮辋。

□ 图 19-27 撬起轮胎内侧

步骤三　更换新轮胎

□ 1．清洁新外胎及轮辋。用干净毛巾清理轮辋边缘和中间，用专用润滑脂涂抹轮辋边缘，选择同规格的外胎涂抹润滑脂，通过外胎安装方向标志找出轮胎正面，如图19-28～图19-30所示。

注⑥：拆装器调整位置——拆装头与轮辋间隙2～3mm，拆装头比轮辋高1～2mm.

□图 19-28　清洁轮辋　　　□图 19-29　轮辋涂抹润滑脂　　　□图 19-30　轮胎涂抹润滑脂

□ 2．安装新轮胎。将轮辋放到工作盘上并卡紧。将轮胎下缘一部分套装在轮辋上（见图19-31），使拆装头靠近轮辋边缘，用手按住轮胎，踩下工作盘旋转踏板，转动轮胎，使轮胎下缘安装在轮辋上。将轮胎上缘搭在拆装头上，用辅助臂压住轮胎，旋转工作盘，安装上缘，安装过程如图19-32和图19-33所示。（注⑦）

操作流程

□图 19-31　轮胎内侧安装　　□图 19-32　辅助臂压住轮胎　　□图 19-33　轮胎上缘安装

□ 3．安装气门芯，给轮胎充气，气压为2.2kPa，如图19-34所示。充气完毕，检查轮胎是否漏气，如图19-35所示。（注⑧）

□图 19-34　安装气门芯，充气　　　　　　□图 19-35　检查漏气情况

（二）注意事项

1．注意轮胎外侧壁的凸缘和轮胎上标出的转动方向。

2．所安装的轮胎尺寸应与轮辋尺寸相一致。在安装和拆卸轮胎之前要检查轮辋是否受过损伤。

注⑦：特别注意在装轮胎上边缘时，要边转边压。

注⑧：充气完毕后，将少许肥皂水涂抹于轮胎和轮辋接触边缘，检查是否有漏气现象。

操作流程	3．在给轮胎充气的时候要使轮胎内的压力均匀增加，并且注意胎缘状态。 （三）技术要求 1．轮胎的使用周期为2年或4万千米。 2．轮胎的标准气压（因车型不同数值不同）通常情况为2.2kPa。
验收	检查更换的外胎的花纹与旧胎是否一致，安装方向是否正确。　　是□ 否□ 检查更换的外胎的尺寸与旧胎是否一致。　　　　　　　　　　是□ 否□ 检查更换的外胎与轮辋之间是否有漏气。　　　　　　　　　　是□ 否□

检查与评估	
6S管理规范 （教师点评）	□整理　□整顿　□清扫　□清洁　□素养　□安全
成绩评定 （学生总结）	小组对本人的评定：□优 □良 □及格 □不及格 学生本次任务成绩：□优 □良 □及格 □不及格

专业考核评分表——扒胎机规范使用

班级：		组别：		组长：		日期：	

技术标准：1. 扒胎机的使用规范；2. 轮胎拆装要求及注意事项

序号	作业项目	考核内容	考核标准	分值	扣分	得分
1	准备环节	正确选用工具/量具	选错1次扣1分	5		
2		正确使用工具/量具	用错1次扣1分	5		
3	轮胎更换环节	轮胎清洁与检查	没有清洁轮胎，1处扣5分；轮胎没有放气扣5分	10		
4		轮胎与轮辋的剥离	分离铲位置不对扣5分	10		
5		轮辋固定到扒胎机	固定的位置不正确，固定不牢固均扣10分	10		
6		拆卸轮胎时润滑	分离轮胎与轮辋时，没有润滑扣10分	10		
7		扒胎机规范操作	扒胎位置不正确、损坏气门嘴、外胎有损伤均要扣5分	10		
8		新轮胎和轮辋润滑	安装轮胎时，轮胎表面和轮辋没有润滑扣5分	5		
9		安装轮胎	操作不正确，每项扣2分	10		
10	检查验收环节	充气检查	气门芯安装不正确，充气压力不正确均要扣5分	10		
11		轮胎检查	未检查扣10分	5		
12	项目实训时间		0～25min 10分 25～27min 7分 ＞27min 0分	10		

质检员：		评分员：		合计得分	

教师点评：

团队合作: 优秀□ 良好□ 及格□ 不及格□　　　　**分工明确:** 优秀□ 良好□ 及格□ 不及格□

专业标准: 优秀□ 良好□ 及格□ 不及格□　　　　**操作规范:** 优秀□ 良好□ 及格□ 不及格□

教师签字：			年	月	日

注：实训未按规范操作，导致设备损坏或人身伤害，本次考核记0分。

实训项目二十 制动片

任务一　制动片认知

_____学时

班级：	组别：	姓名：	掌握程度：□优　□良　□及格 □不及格

一、工作任务

1．认识制动片。

2．掌握制动片的检查方法；会判断制动片的质量好坏。

3．培养全方位思考、辩证思维，综合分析问题、解决问题能力。

二、项目认知

1．制动装置的结构

写出图20-1中各字母所表示的部件名称及作用。

A为_____，其作用是_____；

B为_____，其作用是_____；

C为_____，其作用是_____；

D为_____，其作用是_____；

E为_____，其作用是_____；

F为_____，其作用是_____；

G为_____，其作用是_____。

2．盘式制动器的工作原理

根据图20-2，写出盘式制动器的工作原理。

_____

_____

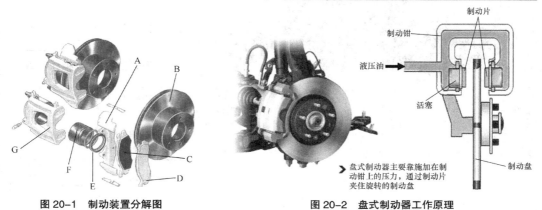

图 20-1　制动装置分解图　　　　图 20-2　盘式制动器工作原理

3．制动片的结构

根据图20-3，回答下列问题。

（1）制动片上内槽的作用是什么？

_____

（2）金属垫板具备哪些功能？

_____

（3）制动片材料有哪些？

_____

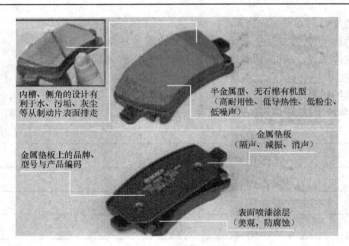

内槽、侧角的设计有利于水、污垢、灰尘等从制动片表面排走

半金属型、无石棉有机型（高耐用性、低导热性、低粉尘、低噪声）

金属垫板上的品牌、型号与产品编码

金属垫板（隔声、减振、消声）

表面喷漆涂层（美观，防腐蚀）

图20-3　制动片结构

4．制动片质量好坏的辨别

可以通过"一看、二摸、三闻"直观判断，请找制动片样品进行判断。

（1）"一看"是指看包装、看产品，如图20-4所示。可以从包装上找到这款制动片的所有数据。另外，看制动片本身做工是否精细，制动片摩擦面是否平整，开槽切角是否规整。

样品包装上数据是否完整：

_____。

制动片做工是否精细：

_____。

制动片摩擦面是否平整：

_____。

开槽是否平整：

_____。

开槽切角是否规整：

_____。

判断是_____产品。

品　牌　名：	相信制动（SANGSIN BRAKE）	材　质：	NAO陶瓷纤维配方
单　位：	一副（2轮4片装）	规　格：	原装位（针对不同车型）
高　温：	650℃	摩擦系数：	0.4
认　证：	厂家通过TS16949质量管理体系认证		
重要说明：	购买时请备注车型、年款、排量		
性　能：	不伤盘		

图20-4　制动片外包装

（2）"二摸"是指通过手指的触感判断制动片的质量。优质制动片看上去非常平整光滑，但用手去摸摩擦面会有刺刺的感觉，如图20-5所示。

样品制动片表面是否平整光滑：＿＿＿＿＿＿＿。

用手摸摩擦面的感觉：＿＿＿＿＿＿＿＿＿。

判断是＿＿＿＿＿＿＿＿＿产品。

图20-5 制动片表面

（3）"三闻"是通过鼻子闻气味分辨制动片质量。优质制动片通常采用陶瓷材质，也有少数由金属材料制成。所以制动片会有细微咸腥味，制动片味道越大、越刺鼻，制动片质量就越差。

样品的气味如何？

＿＿＿＿＿＿＿＿＿＿＿＿＿＿＿＿＿＿＿＿＿＿＿＿＿＿＿＿＿＿＿＿＿＿＿

综合上面的分析，判断样品制动片质量＿＿＿＿＿＿＿＿＿＿＿＿＿＿＿＿＿＿

＿＿＿＿＿＿＿＿＿＿＿＿＿＿＿＿＿＿＿＿＿。

5．制动片更换

（1）如图20-6所示，后轮制动片比前轮制动片更换的周期要长些，理由是＿＿＿＿＿＿

＿＿＿＿＿＿＿＿＿＿＿＿＿＿＿＿＿＿＿＿＿＿＿＿＿＿＿＿＿＿＿＿＿＿＿。

• 建议每5000km检查一次制动系统，保证制动系统正常工作
• 前轮制动片建议每3万千米更换一次
• 后轮制动片建议每5万千米更换一次

图20-6 制动片更换周期

（2）制动片更换后判断。制动片制动效果测试如图20-7所示。

① 安装好制动片后，为什么要踩几次制动踏板？

＿＿＿＿＿＿＿＿＿＿＿＿＿＿＿＿＿＿＿＿＿＿＿＿＿＿＿＿＿＿＿＿＿＿＿

安装好制动片之后在起步之前必须踩踏制动踏板几次，保证安装产生的过大间隙完全消除

中等力量踩制动踏板让车速减到10km/h

加速到60km/h

加速到60km/h

中等力量踩踏制动踏板让车速减到10km/h

图20-7　制动效果测试

②除了加速至60km/h，中等力量将车速降为10km/h，检测判断制动效果外，还有其他检测制动效果的方法吗？

□ 案例分享 □

——【故障现象】——

一辆沃尔沃汽车制动打滑，制动系统不灵，轻度制动时，忽左忽右跑偏，继续使用，制动失效。路面试车制动时，检查制动踏板高度及硬度，均符合技术要求。

——【故障诊断】——

首先确定真空助力系统工作的情况，用真空表测量真空助力泵，真空度数值达标。为确定真空助力泵和制动主缸油压分配情况，在轮缸处接压力表测量，结果显示：左右差值为零，而且起动真空助力泵与未起动真空助力泵相比，轮缸压力值减半（由8MPa减到4MPa），且解除制动后，四轮转动灵活，说明进油量和回油量是正常的。

——【故障排除】——

拆下制动片，测得其厚度均为10mm左右，表面粗糙度较低，且制动盘的表面非常光滑，更换制动片后，制动正常。

——【故障原因】——

1. 制动片材料变质，制动片实际工作条件比较恶劣，有静摩擦和滑动摩擦，既承受水的浸湿，还要接受剧烈撞击造成的过度磨损。因此，在摩擦块工作过程中，应尽量避免高温影响而导致材料变质。摩擦系数下降，降低了制动效能。

2. 制动盘虽然有一定的硬度，但高温下铁（Fe）原子会氧化成Fe_2O_3和Fe_3O_4，碳（C）原子氧化成CO和CO_2，破坏了制动盘内部元素分布数量和材料性能，不仅硬度降低，而且冷却时效过快，易变形，造成制动盘快速磨损，其表面粗糙度降低，还会产生沟槽，即

使更换新的制动片，制动效果也不会好转，而且变形严重的情况下，还会造成车轮动平衡被破坏，车身抖动。

3. 制动片打滑的情况下进行制动，温度会越来越高，势必导致轮缸制动泵温度增高，橡胶圈膨胀，尺寸加大，制动能力下降，回油不良。铝合金活塞变形，不仅造成拉缸或偏磨，严重情况下，表面吸附的金属杂质还会造成活塞卡死。这些都是造成制动不良的因素。

━━━━━━【案例总结】━━━━━━

综上所述，对于盘式制动车辆，无论其制动系统采用真空增压助力双管路制动形式，还是防抱死制动系统，也不论制动系统有没有检查灯，一旦出现制动不良即所谓制动衰退现象时，千万不可掉以轻心，在制动泵压力正常的情况下，应及时检修制动片，不要认为其厚度没有超过临界尺寸就没问题，继续使用还会造成其他部件损坏，影响行车安全。

任务二　制动片更换

_____学时

班级：	组别：	姓名：	掌握程度：□优　　□良　　□及格 □不及格

实训目的	根据"任务二"的需求，能够掌握更换制动片的方法。
安全注意 事项	注意个人及设备安全，规范操作。
实训器材	整车（如科鲁兹）、世达工具、制动分泵回位器、整车防护七件套、制动片、清洁布、电动角磨机、直尺等。
教学组织	每辆车按6位学员（组长1人、主修1人、辅修1人、观察员1人、评分1人、质检1人）作业，循环操作。
操作步骤 演示	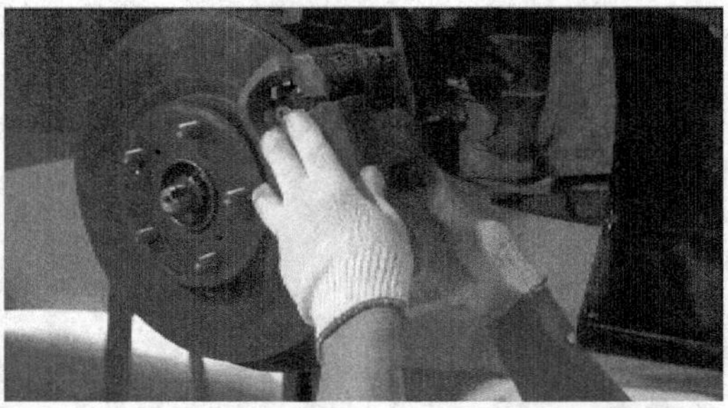 微课 制动片更换

任务	作业记录内容　☑正确　☒错误
前期准备	□ 1．护具——整车防护七件套（前翼子板垫/左右翼子板垫/脚垫/转向盘套/座椅套/变速器操作杆套），如图20-8和图20-9所示。（注①）  前翼子板垫　左右翼子板垫　　　　转向盘套　座椅套　变速器操作杆套　脚垫 □图20-8　车外三件套 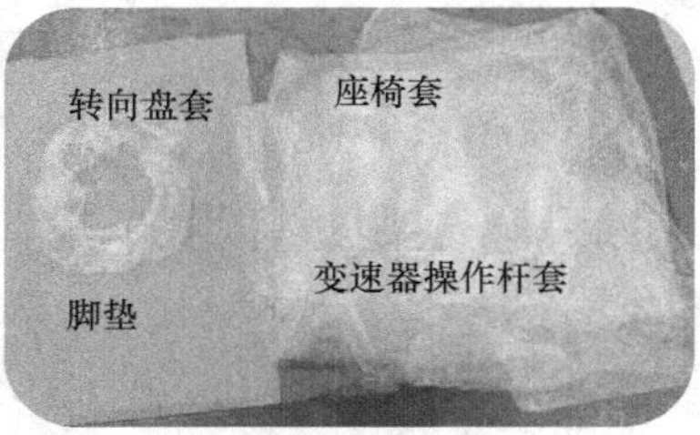　　　　　　　□图20-9　车内四件套 □2．工具及耗材——整车、世达工具（见图20-10）、制动分泵回位器（见图20-11）、制动片（见图20-12）、清洁布、直尺、电动角磨机等。

注①：准备工作一定注意四到位。1．防护到位；2．工具到位；3．设备到位；4．耗材到位。

前期准备	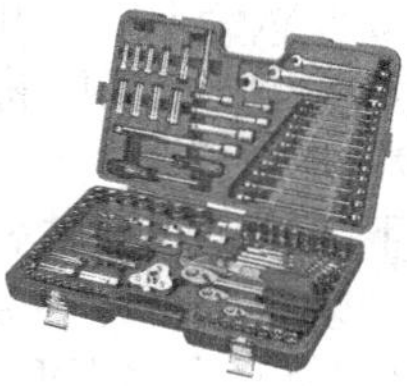 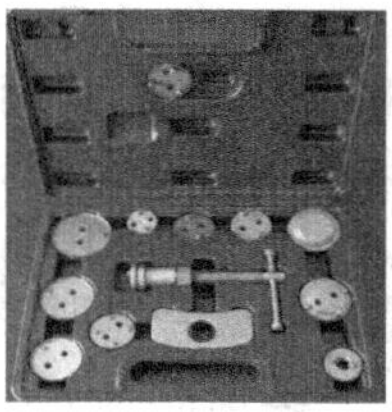 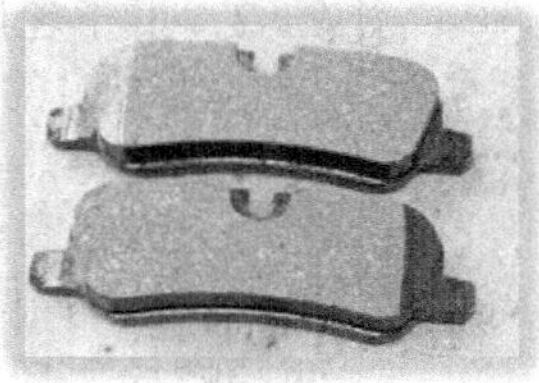  □图 20-10　世达工具　　□图 20-11　制动分泵回位器　　□图 20-12　制动片
安全检查	□检查车辆驻车制动器是否拉起及变速杆是否处于空挡。 □举升车辆前，检查实训台架及周围是否安全。 □举升车辆10～20cm，检查举升机支点位置。 □举升车辆时，检查举升机举升过程。（注②）
防护工作	防护工作的操作步骤如图20-13～图20-15所示。    □图 20-13　人身防护　　□图 20-14　车身防护　　□图 20-15　车内防护
操作流程	（一）操作步骤 **步骤一　初步判断制动片是否需要更换** □1．查询车辆行驶里程，在4万～5万千米时更换制动片。 □2．踩制动踏板时，若能听见刺耳的金属刮擦声，就说明需要换制动片了。 □3．检查仪表板是否有报警灯点亮。一般制动系统出现异常后，汽车仪表板上会出现一个图标（见图20-16），图中显示"请检查刹车片"。出现这种情况就表示制动片（即刹车片）已经接近极限了，需要立即更换。 **步骤二　拆卸制动片** □1．打开发动机舱，打开制动液储液罐盖并清洁，如图20-17所示；检测制动液是否足够。（注③）  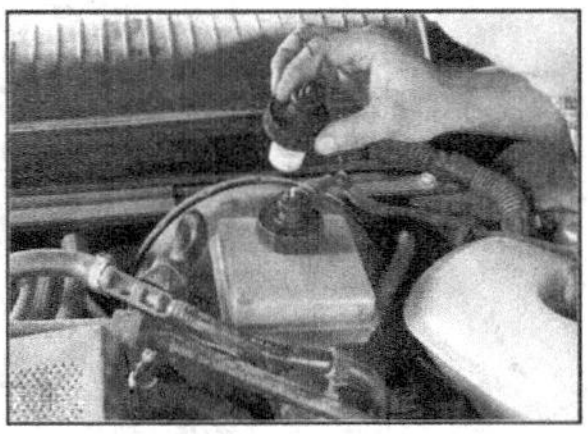 □图 20-16　仪表板制动片报警　　□图 20-17　打开并清洁储液罐盖

注②：举升过程中有异常或异响，应立刻停止当前作业并及时和老师联系，不得擅自处理。
注③：制动液应定期更换、添加，同时应该保证所用制动液的牌号与原有制动液的牌号一致。

操作流程

□2．拆下轮胎。前盘卡簧实际就是一根不规则形状金属丝，用于外侧制动片与制动卡钳的固定，利用常见的一字螺钉旋具稍用些力就能将其两端拨出卡钳，从而将前盘卡簧拆除，如图20-18和图20-19所示。

□3．拆卸固定油管螺栓。拆卸卡钳螺栓，拆下螺栓不需要非常大的力量，如果拆卸费力很可能是螺栓锈死，需要使用除锈剂来帮助拆卸。卸下卡钳，拆下两端螺栓之后，卡钳就可以轻松取下，如果不容易取下，很可能是因为制动片和卡钳接触过紧，晃动几下便可以取下，如图20-20～图20-22所示。

□图20-18　拆卸轮胎

□图20-19　拆卸前盘卡簧

□图20-20　拆卸固定油管螺栓

□图20-21　拆卸卡钳螺栓

□图20-22　拆卸卡钳

□4．拆下制动分泵与旧制动片。

步骤三　制动片检查

□1．将新、旧制动片进行比较，并用直尺测量旧制动片厚度，如图20-23和图20-24所示。新的制动片厚度一般在15mm左右，如果旧制动片厚度低于3mm，则需要更换。（注④）

□图20-23　新旧制动片对比

□图20-24　测量制动片厚度

注④：安装新制动片应分清内外，制动片的摩擦面应朝向制动盘，使盘片配合合适。

操作流程	□ 2．清洗制动盘（见图20-25），由于制动盘和制动片通过挤压摩擦产生制动力，随之产生的摩擦碎屑不在少数，而制动盘上也会残留一定的碎屑，技师用制动盘清洗剂对制动盘进行清洁，避免新换制动片与制动盘间存在的碎屑造成过度及不规则的磨损。用电动角磨机打磨新制动片，对于只更换制动片、不更换制动盘的保养：需要打磨制动片边缘，防止新的制动片在行车时异响，如图20-26所示。  □图 20-25　清洗制动盘　　　　□图 20-26　打磨新制动片 □ 3．用专用工具将制动分泵回位（注⑤），安装新制动片，如图20-27和图20-28所示。 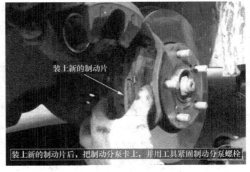 □图 20-27　制动分泵回位　　　　□图 20-28　安装新制动片 □ 4．上车踩制动踏板5～7下，安装轮胎，如图20-29和图20-30所示。 □ 5．检查制动液液面高度，如图20-31所示。制动液过多应吸出，制动液过少应加注，如图20-32所示。新制动片的厚度势必会比旧制动片有所增加，有可能导致制动液罐内的制动液液面上升，因此在更换完制动片后要及时对制动液罐内液面高度进行检查，过多的油液要及时吸出，以免给制动带来负担。

注⑤：安好附件，紧固钳体。在紧固钳体前，应用工具（或专用工具）将制动分泵上的活塞推回位，以便于将卡钳安装到位。

操作流程	 □图 20-29　踩制动踏板	 □图 20-30　安装轮胎
	 □图 20-31　检查制动液	 □图 20-32　添加制动液

（二）注意事项

1. 注意制动液储液罐的清洁。
2. 注意分泵螺栓的力矩。
3. 一定要将制动分泵回位，否则新制动片安装不上。

（三）技术要求

1. 更换完成后检查制动液储液罐。
2. 更换完后踩制动踏板。
3. 更换制动片后应进行清洁。

验收	1. 完成安装后，找路况好、车少的地方对车辆进行行驶磨合。（注⑥） 2. 把车辆加速到100km/h。 3. 轻踩制动踏板，以中等力量制动，使车速降至10～20km/h。 4. 松开制动踏板行驶几千米，使制动片温度稍微冷却一下。 5. 重复以上第2～4步至少10次。

检查与评估

6S管理规范 （教师点评）	□整理　□整顿　□清扫　□清洁　□素养　□安全
成绩评定 （学生总结）	小组对本人的评定：□优 □良 □及格 □不及格 学生本次任务成绩：□优 □良 □及格 □不及格

注⑥：开车离位前，应用力空踩制动踏板，直至感觉制动踏板已回位到踏实状态，方可正常驱车离位。

专业考核评分表——制动片更换

班级：	组别：	组长：	日期：

技术标准：1. 制动片拆装流程；2. 制动片的检测标准与更换要求

序号	作业项目	考核内容	考核标准	分值	扣分	得分
1	准备环节	正确选用工具/量具	选错1次扣1分	5		
2		正确使用工具/量具	用错1次扣1分	5		
3	拆解环节	制动液检查	按照标准流程规范拆卸，错1次扣5分	30		
4		轮胎的拆卸				
5		制动钳的拆卸				
6		内、外制动片分解	按照标准流程规范分解，错1次扣2分	10		
7	检查与安装环节	制动片磨损检查	按照标准流程规范检查，错1次扣2分	20		
8		制动片型号检查				
9		新制动片打磨	按照拆卸倒序安装，错1次扣2分，少1道流程扣5分	20		
10		新制动片安装				
11		轮胎安装				
12	项目实训时间		0～15min　　10分 15～18min　　7分 18～20min　　3分 ＞20min　　0分	10		

质检员：	评分员：	合计得分

教师点评：

　　团队合作：优秀□ 良好□ 及格□ 不及格□　　　　**分工明确**：优秀□ 良好□ 及格□ 不及格□
　　专业标准：优秀□ 良好□ 及格□ 不及格□　　　　**操作规范**：优秀□ 良好□ 及格□ 不及格□

教师签字：	年　　月　　日

注：实训未按规范操作，导致设备损坏或人身伤害，本次考核记0分。

实训项目二十一 ———— 空调

任务一　空调清洗认知

_____学时

班级：	组别：	姓名：	掌握程度：□优　□良　□及格 □不及格

一、工作任务

1．能熟知空调清洗剂的种类及适用范围。

2．掌握空调清洗设备的使用方法及注意事项。

3．引导学生树立文化自信，培养精益求精的工匠精神，激发学习热情，厚植科技报国的家国情怀。

二、项目认知

1．清洗汽车空调的原因

汽车空调运行时，空气中80%的_____都会穿过滤芯进入_____内部，与冷凝水黏合后堵塞在_____上，不仅影响空调制冷与散热，还会_____。

汽车空调调节按键如图21-1所示。

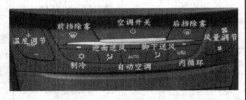

图 21-1　汽车空调调节按键

人们对空调清洗一般仅停留在清洗_____上，实际上空调中的脏东西及细菌会藏在_____铝片缝隙中，通过循环气流进入车内，会危害车内人员的健康。

2．不清洗空调的后果

如图21-2所示，不管是汽车空调还是家用空调，长期不清洗就会沉积大量污垢，它们进入空调循环系统，会增加压缩机磨损，严重时造成拉缸，这样不仅会增加能耗，减弱制冷效果，还会缩短空调使用寿命。如图21-3所示，空调里潮湿的环境容易滋生细菌，而这些细菌中不乏致病细菌，如黄金葡萄球菌、芽孢杆菌等，它们可能会随空气从风口流出，进入人的眼睛和鼻子，导致眼睛发痒、鼻子打喷嚏、呼吸道过敏等症状，严重危害健康。如图21-4所示，空调中污物长时间得不到清洗，空调内部潮湿灰尘、污渍会腐烂发霉，导致汽车空气有异味，影响乘坐人员、驾驶人员心情。

图 21-2　制冷效果减弱

图 21-3　滋生细菌危害健康

图 21-4　空调发霉、有异味

根据以上分析讨论汽车空调不清洗的后果。

上面表述中对人体健康有影响的是_____，理由是_____；

对发动机有影响的是_____，理由是_____；对安全行驶有影响的是

_____，理由是_____。

　　3．空调滤芯

　　（1）空调滤芯（见图21-5）的作用是：

_____。

　　（2）安装空调滤芯，是否还需要对其做抑菌

处理？原因是什么？

_____

_____

_____

图21-5　空调滤芯

　　4．汽车空调保养时间

　　汽车空调滤芯更换周期一般是_____km，但是实际取决于空调使用的环境。空

调清洗时间是_____。空调维修套餐市场价大概是_____元左右。

　　5．空调清洗剂的品牌

　　说出图21-6所示的空调清洗剂的品牌名称、生产厂家及作用。

图21-6（a）_____。

图21-6（b）_____。

图21-6（c）_____。

图21-6（d）_____。

图21-6（e）_____。

图21-6　各品牌空调清洗剂

　　6．汽车空调深度清洗

　　（1）汽车空调深度清洗的内容有：_____，

如图21-7～图21-9所示。

蒸发箱可视清洗器

用超声波雾化和臭氧对空调风道及车内进行杀菌消毒

图21-7　蒸发箱可视清洗　　　　　图21-8　臭氧清洗　　　　　　　图21-9　吹洗空调滤芯

（2）汽车空调深度清洗设备及耗材有：＿＿＿＿＿＿＿＿＿＿＿＿＿＿＿＿＿＿＿＿＿＿，如图21-10和图21-11所示。

图21-10　空调深度养护套装

图21-11　空调智能清洗设备

（3）清洗的流程。

① 深度清洁。

对汽车空调系统做个内窥镜透视＿＿＿＿＿＿＿＿＿＿，可以给车主看。

蒸发箱的清洗与消毒。利用压力喷枪以约＿＿＿＿＿＿＿＿压力喷射到蒸发表面，彻底地＿＿＿＿＿＿＿＿＿＿＿＿＿和＿＿＿＿＿＿＿＿＿＿＿＿蒸发箱。

空调滤清器槽道及风道清洗与消毒。将清洗剂（有压力，是泡沫状）喷射到空调滤清器槽道、风道及出风口，以彻底清洗整个管路。

② 车内杀毒与除臭。利用超声波雾化器将专用的空调脱臭剂雾化，清除车内及空调管路＿＿＿＿＿＿＿＿土腥味和霉味，净化车内空气。

采用天然植物提取液，能够消除各类＿＿＿＿＿＿＿＿＿＿，安全无毒，无腐蚀性。

臭氧是环保的杀菌物质。设定时间，将车门和车窗玻璃＿＿＿＿＿＿＿＿几分钟，等到将车内臭氧通风置换成＿＿＿＿＿＿＿＿＿＿时，人方可进入。这种杀菌除味无死角，效果显著。

③ 恢复设备。清洗完毕，安装空调滤清器，打开空调，开至最大风量运行几分钟后交车。

•••••••••••••••••••••••••••••• □ 案例分享 □ ••••••••••••••••••••••••••••••

━━━━━━━━━━【 故障现象 】━━━━━━━━━━

　　一辆行驶里程约 2000km 的丰田皇冠轿车，该车使用不到 4 个月的时间，车主就反映该车空调打开时异味大，停放一个晚上后再开空调，异味更大，于是初次进厂消毒杀菌处理；第二天，车主反映异味仍然存在，且让人难以接受，对车辆质量产生怀疑。技师接车后，嗅闻空调出风口确实存在发霉的气味，霉味中还带着酸味。

━━━━━━━━━━【 故障诊断 】━━━━━━━━━━

　　1. 拆卸刮水器盖板检查进风口，无异物及异味，发动机舱整洁，无异物及异味。
　　2. 拆卸空调滤清器检查，滤清器灰尘不多，无异味。
　　3. 拆卸仪表板蒸发箱，发现由于蒸发箱排水口不容易排水，蒸发箱芯体表面和周围的海绵存在灰尘和水的混合物，蒸发箱芯体表面出现发霉的污迹，闻起来和开空调时的异味是一样的。
　　判断异味是由于空调制冷时蒸发箱芯体表面存在水分和灰尘，经过长期的混合变质发霉导致的。

━━━━━━━━━━【 故障排除 】━━━━━━━━━━

　　1. 用清洗剂清洗干净蒸发箱芯体表面的灰尘和发霉污迹，并吹干。
　　2. 考虑以后使用仍然容易积水和存在灰尘而发霉，于是将壳体的流水槽用刀片扩大，使其不容易积水发霉，故障排除。

━━━━━━━━━━【 故障原因 】━━━━━━━━━━

　　1. 空调进风口存在异物而产生异味。
　　2. 空调滤清器过脏造成异味。
　　3. 车厢内存在异味源。
　　4. 空调蒸发箱芯体表面积水造成异味。

━━━━━━━━━━【 案例总结 】━━━━━━━━━━

　　通常空调异味来自空调滤芯和外循环风道内部潮湿的霉味，还有可能是风道中海绵散发的气味。空调滤清器建议每年一换，定期清洗风道并进行杀菌处理。

汽车快修快保实训工单（AR版）

任务二　空调清洗

_____学时

班级：	组别：	姓名：	掌握程度：□优　□良　□及格 □不及格
实训目的	根据"任务二"的需求，能够掌握空调清洗的方法。		
安全注意事项	注意个人及设备安全，规范操作。		
实训器材	整车（如卡罗拉）、世达工具、空调清洗剂、抑菌剂、整车防护七件套等。		
教学组织	每辆车按6位学员（组长1人、主修1人、辅修1人、观察员1人、评分1人、质检1人）作业，循环操作。		

操作步骤演示	 微课 空调清洗

任务	作业记录内容　☑正确　☒错误
前期准备	□ 1．护具——整车防护七件套（前翼子板垫/左右翼子板垫/脚垫/转向盘套/座椅套/变速器操作杆套），如图21-12和图21-13所示。（注①）  前翼子板垫　左右翼子板垫 转向盘套　座椅套 脚垫　变速器操作杆套 □图21-12　车外三件套 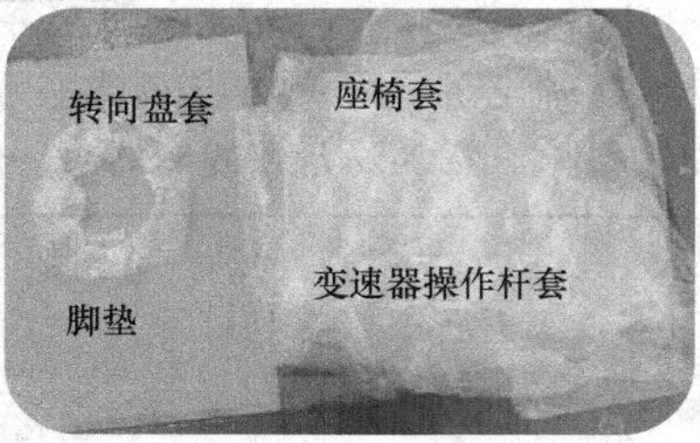　　　□图21-13　车内四件套 □2．工具——整车、世达工具（见图21-14）、空调清洗剂（包括空调外循环清洗杀菌剂、空调内循环杀菌除味剂）、抑菌剂等。

注①：准备工作一定注意四到位。1．防护到位；2．工具到位；3．设备到位；4．耗材到位。

.200.

前期准备	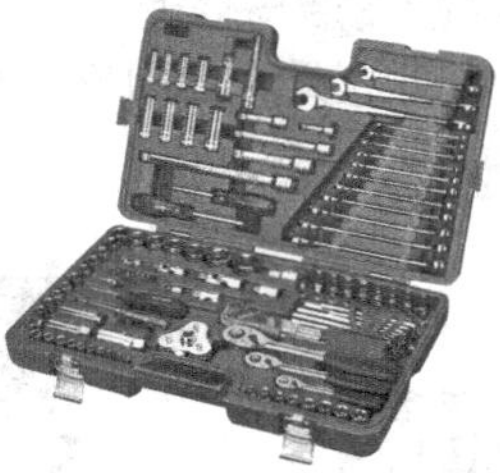 □图 21-14　世达工具
安全检查	□检查车辆驻车制动器是否拉起及变速杆是否处于空挡。 □检查现场消防设备。
防护工作	防护工作的操作步骤如图21-15～图21-17所示。  □图 21-15　人身防护 　　□图 21-16　车身防护 　　□图 21-17　车内防护
操作流程	**（一）操作步骤** □判断空调是否需要清洗的标准如下。（注②） （1）吹出来的风还未制冷时，会闻到一股类似霉变、烟尘的气味。 （2）制冷时，从风口吹出的空气不清新，伴有酸臭味或其他怪味。 （3）制冷效果下降，加制冷剂后仍无改善，汽车耗油量加大。 （4）在车内，人的鼻腔、气管、肺部感到不适，或者伴有咳嗽、胸闷等，如图21-18所示。  怪不得我总是咳嗽和流泪，车子该到4S店清洗一下了。 您的空调也太呛人了…… □图 21-18　车内异味

注②：夏季经常使用汽车空调，长时间的使用会使汽车空调的进风口、风道、风扇、蒸发器表面等处积聚灰尘和污物，导致空调风道内滋生霉菌，所以汽车空调的清洁应得到重视。

操作流程	**步骤一　空调滤芯的清洁与处理** □ 1．找到内、外部空调滤芯的安装位置并拆下，如图21-19和图21-20所示。（注③）  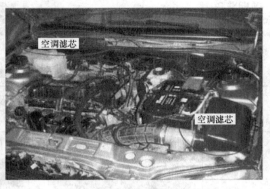 □图 21-19　内部空调滤芯位置　　　□图 21-20　外部空调滤芯位置 □ 2．取出的空调滤芯，用风枪吹掉其表面的灰尘、脏物，如图21-21所示。在空调滤芯双面都喷上抑菌剂，如图21-22所示。待做完内、外部空调滤芯的清洗后，再装回原位即可。（注④）   □图 21-21　吹洗空调滤芯　　　　　□图 21-22　喷抑菌剂 **步骤二　清洗空调外循环系统**（注⑤） □ 1．用空调外循环清洗杀菌剂和喷管清洗空调外循环系统，清洗前需先将包装内的软管套上，如图21-23所示。 □ 2．清洗外循环系统前，先烘干空调蒸发器。起动发动机，关闭空调开关，打开内循环（见图21-24），将风量调至最大，温度调至适宜，风向调至吹身，烘干3min左右。

注③：空调滤芯一般在手套箱后面或风窗玻璃下面。
注④：注意空调滤芯的安装方向，标记箭头方向与气流方向相同。
注⑤：外循环是指车外空气可以进入车内。

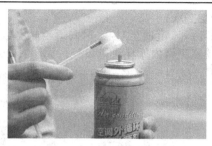

□图21-23 空调外循环清洗杀菌剂

□图21-24 打开内循环

□ 3．关闭发动机，关闭空调鼓风机，拆卸鼓风机或鼓风机电阻，找到空调进风口对内喷入空调清洗剂，如图21-25所示。（注⑥）

□ 4．关闭空调开关，打开外循环，将风量调至最大，风向调至吹身或玻璃，开启到冷风挡，如图21-26所示。

操作流程

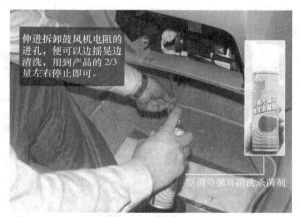

伸进拆卸鼓风机电阻的进孔，便可以边摇晃边清洗，用到产品的2/3量左右停止即可。

空调外循环清洗杀菌剂

□图21-25 空调进风口喷入清洗剂

□ 5．使用空调外循环清洗杀菌剂对空调内部部件进行清洗，如图21-27所示。

□图21-26 空调控制面板

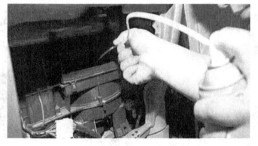

□图21-27 对空调内部进行清洗

□ 6．将发动机熄火，对中控台4个空调出风口进行清洗，如图21-28所示。（注⑦）

注⑥：喷入空调清洗剂然后关闭空调，静置5~10min。
注⑦：后面的空调出风口不用清洗，因为空调管是相通的，所以只需清洗前面4个即可。

步骤三 清洗空调内循环系统（注⑧）

□ 1. 关闭A/C开关，打开内循环，风量调至3挡、风向调至吹身或玻璃，温度正常（24℃左右）。找准副驾驶室空调内循环进风口处，如图21-29所示。

操作流程

□图 21-28 空调出风口清洗

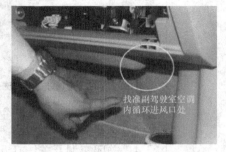

找准副驾驶室空调内循环进风口处

□图 21-29 空调内循环进风口位置

□ 2. 用产品盒垫住空调内循环杀菌除味剂，使产品产生更好的雾化效果，如图21-30所示。（注⑨）

空调内循环杀菌除味剂

□图 21-30 空调内循环杀菌除味剂

□ 3. 按下自动喷头，关紧车门窗，如图21-31所示。3min自动喷完，再等5min左右。用清洁布擦拭车内装饰板，保持车内整洁，如图21-32所示。

□图 21-31 按下空调内循环杀菌除味剂自动喷头

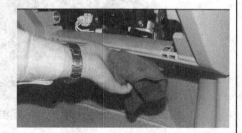

□图 21-32 保证车内整洁

注⑧：内循环是指空气在车内循环，不与外界相通。
注⑨：这里还需注意，操作完毕后要用毛巾擦干净副驾驶室底下的产品残留痕迹。

步骤四　清洗空调散热器（注⑩）

□ 1．找到散热器的位置，用鼓风机吹掉空调散热器表面的灰尘、昆虫等脏物，如图21-33所示；将空调清洗剂喷到散热器表面，如图21-34所示。

□图 21-33　散热器位置

□图 21-34　对散热器喷空调清洗剂

□ 2．待泡沫（见图21-35）溶解消失后，用风枪吹干净即可，如果有条件，用水枪冲洗效果更好。

□图 21-35　清洗剂在散热器上产生的泡沫

步骤五　清洗后恢复

□ 1．清洗完毕后将新的内、外空调滤芯进行安装。

□ 2．起动车辆，使空调正常工作，检查清洗结果。

□ 3．整理护具，质检，交车。

（二）注意事项

1．车辆空调系统内、外循环的开启。

2．空调滤芯的安装方向。

3．散热叶片不要用高压水枪冲洗。

（三）技术要求

1．内循环系统清洗做完后需关闭车窗等待5～10min。

2．烘干空调蒸发器3min左右。

验收	验证空调系统脏污程度：在进行清洗前，将干净盆子放入车底，看流出来水是否干净（一般较干净），如图21-36所示；在清洗完成后，空调系统流出来的水十分污浊，如图21-37所示。

注⑩：散热器清洗无特殊要求，但在清洗冷凝器时，要考虑冷凝器是铝质，不能用腐蚀性清洗剂清洗，散热叶片很薄也不可用高压水枪冲洗。

验收		
	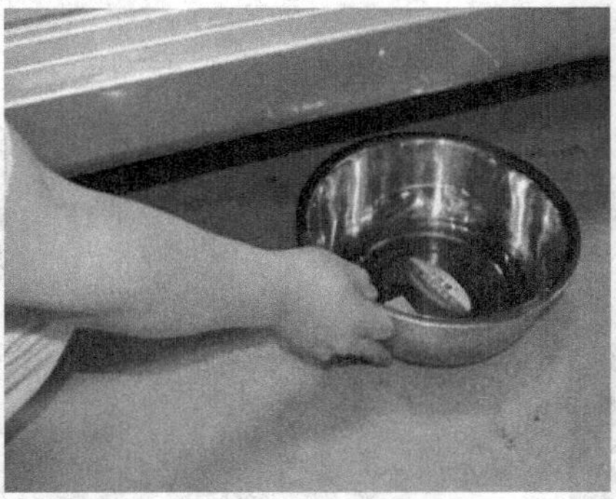 □图 21-36　接空调系统流出的水 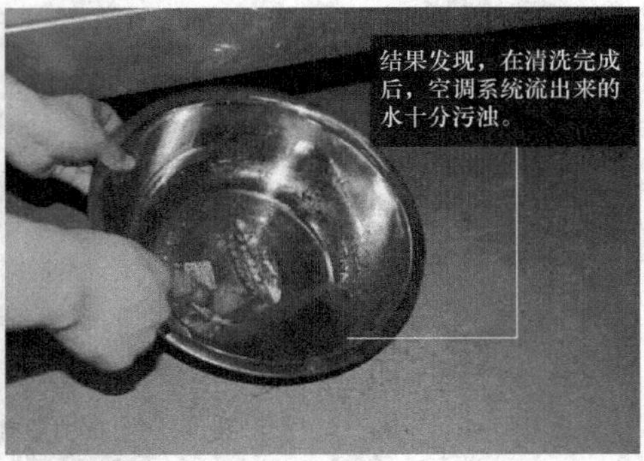	□图 21-37　查看空调水污浊程度

结果发现，在清洗完成后，空调系统流出来的水十分污浊。

检查与评估	
6S管理规范 （教师点评）	□整理　□整顿　□清扫　□清洁　□素养　□安全
成绩评定 （学生总结）	小组对本人的评定：□优 □良 □及格 □不及格 学生本次任务成绩：□优 □良 □及格 □不及格

专业考核评分表——空调清洗

班级：		组别：	组长：	日期：		
技术标准：1. 空调清洗流程；2. 空调清洗材料；3. 清洗方法和要求						
序号	作业项目	考核内容	考核标准	分值	扣分	得分
1	准备环节	正确选用工具	选错1次扣1分	5		
2		正确使用工具	用错1次扣1分	5		
3	室内清洗	内、外空调滤芯拆卸	按照流程规范拆卸及清洗，错1次扣2分	20		
4		清洗防护				
5		清洗时，风量、温度、开关等应正确设置及使用				
6		清洗材料选择	按照清洗流程规范操作，错1次扣2分	20		
7		内部出风口清洗				
8		室内空调部件清洗（材料选择、清洗方法、清洗时间）				
9	室外清洗	烘干空调蒸发器	清洗材料选择、清洗方法规范、正确，错1次扣2分	20		
10		空调散热器清洗				
11		空调外部管道清洗	按清洗顺序规范操作，错1次扣2分	20		
12		安装空调滤芯				
13		对清洗效果的检查				
14		项目实训时间	0~25min　　10分 25~27min　　7分 >27min　　0分	10		
质检员：		评分员：		合计得分		
教师点评：						
团队合作：优秀□ 良好□ 及格□ 不及格□　　　分工明确：优秀□ 良好□ 及格□ 不及格□ 专业标准：优秀□ 良好□ 及格□ 不及格□　　　操作规范：优秀□ 良好□ 及格□ 不及格□						
教师签字：　　　　　　　　　　　　　　　　　　　　　　　年　　月　　日						

注：实训未按规范操作，导致设备损坏或人身伤害，本次考核记0分。

实训项目二十二　转向助力油

任务一　转向助力油认知

_____学时

班级：	组别：	姓名：	掌握程度：□优　□良　□及格 □不及格

一、工作任务

1．认知转向助力油。

2．转向助力油液更换注意事项。

3．培养小组沟通能力和团队协作能力。

二、项目认知

1．转向助力油加油口认知

（1）加注转向助力油的位置是_____。

（2）转向助力油储液罐盖子上的标记是_____，如图22-1所示。

（3）发动机怠速运转，反复将转向盘打到底，若转向助力油有气泡或发白，则可以判

断是_____。

2．更换周期

从图22-2可以看出，该转向助力油适用于_____车，一辆车大约使用_____L；

更换周期是_____。有时可以在转向系统的_____位置

上找到该车适用的转向助力油型号。

品名：动力转向油	品牌：一汽大众
产地：中国	规格：1L／瓶
零件号：LG 002 000	更换周期：2年或6万千米

图 22-1　转向助力油储液罐盖标识　　图 22-2　一汽大众转向助力油（动力转向油）

3．转向助力油的品牌

请写出图22-3所示的转向助力油的品牌名称及生产厂家。

(a)　　　　　(b)　　　　　(c)　　　　　(d)　　　　　(e)　　　　　(f)

图22-3　各品牌转向助力油

4．转向助力油的颜色

（1）转向助力油正常状态下是_____色或者透明的；被污染后是白色的或者是_____的；泡沫样的油液表明系统中有_____存在，如图22-4所示。

（2）转向助力油有气泡故障。有气泡的转向助力油导致以下状况：转向系统运行时有_____；助力_____会变化；间歇性地丢失助力。

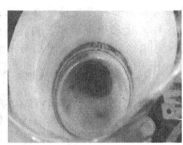

彩图

图 22-4

图22-4　转向助力油对比图

5．转向助力油使用规范

（1）转向助力油含有对身体有害的物质，如果沾到皮肤应_____。

（2）转向助力油有腐蚀性，可能导致油漆失去_____，也会导致橡胶配件_____，如有沾染应及时清洗。

（3）配有液力转向助力系统的汽车，在使用过程中避免转向盘转到底，长时间那样会烧蚀_____。

□ 案例分享 □

────【故障现象】────

　　一辆行驶里程约 19.3 万千米的上海大众帕萨特轿车。该车在急速行驶时，转向器转向助力泵有异响，左右转动转向盘时又有"咯咯"的声音。

────【故障诊断】────

　　首先按常规检查转向助力油储量，储液罐内油液高度在上、下刻度线之间。急速运转时，旋开储液罐盖，观察油面发现油液呈沸腾状，熄火瞬间有乳化现象，判明其内有气泡存在。

　　驾驶员介绍，该系统从来没有维护过，故障是近几天才出现的，之前转向一直正常。观察油液颜色呈墨绿色，并未变质。接着检查液压系统各管道及接头，没发现渗漏现象。从检查情况来看，故障点应该不是系统内有空气所致，那么异响又是从何而来呢？

　　左右转动转向盘，转向功能并未丧失，于是怀疑异响可能是转向助力泵叶片或泵体有划痕或损坏导致的。该车一直在指定维修中心养护，从未缺过油液，转向助力泵使用性能一直很稳定，即使转向助力泵内压力和流量阀有问题，也只会产生压力不足或超压现象，压力不足会出现转向沉重；超压会因动力缸左右压差过大，使车辆直线行驶时转向盘发飘或跑偏等现象出现，不会在几天之内就发出这么严重的异响。若转向分配阀有问题，将会因内部泄漏产生转向沉重；若分配阀回位不好，将出现转向盘回正不灵；若分配阀阀芯偏离中心位置，或虽在中心位置，但与阀套槽肩的间隙大小不一致，将会产生车辆直线行驶中转向盘发飘或跑偏，这些现象该故障车上均不存在，说明此车转向系统各元件不存在问题。然而又考虑到此车不打转向盘时急速运行，转向助力泵处有异响，怀疑是转向助力油中的气泡从进油管中吸入，导致在转向助力泵内产生了气动噪声，那么储液罐中的气泡又是从何而来呢？

　　仔细观察沸腾的转向助力油，没发现什么迹象，转而怀疑储液罐有问题，于是吸出储液罐中的转向助力油，将其放入干净的容器内，当吸出约 1/2 油液时，发现储液罐中的滤网斜置在其中，判断滤网损坏脱落，异响因此而产生。

────【故障排除】────

　　将新滤网安装到正确位置上，加入新的标准转向助力油，起动发动机急速运转，左、右转动转向盘时观察储液罐油面很平静，异响也消失，故障排除。

────【故障原因】────

　　为什么滤网脱落会产生如此大的噪声呢？滤网脱落后，回油口压力过高时，不能消除冲击力带来的振动，因此会使油面处于不稳定状态。在油面变化的情况下，很容易就会使空气混入进油管，传至泵内受到挤压而产生气动噪声。

────【案例总结】────

　　实际上，在大众系列车型中，不仅滤网脱落后会产生噪声，如果滤网损坏或堵塞亦会产生气动噪声。这是因为滤网具有 2 个作用：一是过滤系统内的沉积物与杂质；二是在回油口压力过高时，起到消除脉动的作用，防止产生气泡，以使油面平静。因此，当转向助力泵出现异常响声的时候，就应该查看滤网是否堵塞、损坏、脱落，并对转向助力油进行检查，必要时更换转向助力油。

任务二 转向助力油检查与更换

_____学时

班级：		组别：		姓名：		掌握程度：□优 □良 □及格 □不及格
实训目的	根据"任务二"的需求，能够掌握更换与检查转向助力油的方法。					
安全注意事项	注意个人及设备安全，规范操作。					
实训器材	整车（如科鲁兹）、世达工具、转向助力油、整车防护七件套、清洗剂、气枪、抽油机、漏斗等。					
教学组织	每辆车按6位学员（组长1人、主修1人、辅修1人、观察员1人、评分1人、质检1人）作业，循环操作。					
操作步骤演示	<table><tr><td> 微课</td></tr><tr><td>转向助力油检查 与更换</td></tr></table>					

任务	作业记录内容 ☑正确 ☒错误
前期准备	□ 1. 护具——整车防护七件套（前翼子板垫/左右翼子板垫/脚垫/转向盘套/座椅套/变速器操作杆套），如图22-5和图22-6所示。（注①）  前翼子板垫　左右翼子板垫　　　　转向盘套　座椅套　脚垫　变速器操作杆套 □图 22-5 车外三件套 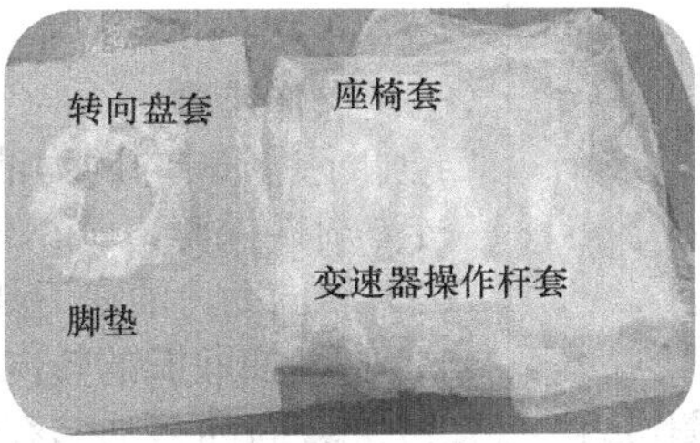　　　　　　□图 22-6 车内四件套 □ 2. 工具及耗材——整车、世达工具（见图22-7）、抽油机（见图22-8）、漏斗（见图22-9）、转向助力油（见图22-10）、清洗剂、气枪等。

注①：准备工作一定注意四到位。1. 防护到位；2. 工具到位；3. 设备到位；4. 耗材到位。

前期准备	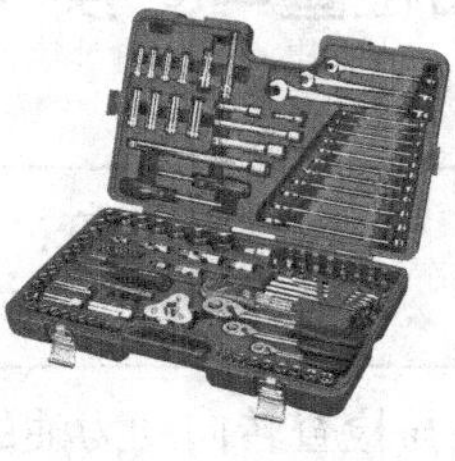 □图 22-7　世达工具 　　　□图 22-8　抽油机  □图 22-9　漏斗 　　　□图 22-10　转向助力油
安全检查	□检查车辆驻车制动器是否拉起及变速杆是否处于空挡。 □检查实训台架及周围是否安全。
防护工作	防护工作的操作步骤如图22-11～图22-13所示。  □图 22-11　人身防护 　　□图 22-12　车身防护 　　□图 22-13　车内防护
操作流程	（一）操作步骤 □　判断更换转向助力油的标准如下。 （1）周期保养，汽车使用2年或行驶4万千米时应彻底更换一次。 （2）转向助力油在下刻度线以下，油变稀或者油的颜色变黑，就说明要更换了。 **步骤一　抽取旧的转向助力油** □ 1．转向助力油储存位置如图22-14所示。用转向助力油尺检查旧的转向助力油液位，应在上、下刻度线之间，不足时应及时检漏，如图22-15所示。 □ 2．抽出旧的转向助力油。拧开转向助力油储液罐盖子，连接专用真空抽油机，将转向助力油储液罐内的旧油抽干净，如图22-16和图22-17所示。 □ 3．使用鱼尾钳取下转向助力油储液罐上的回油管（见图22-18），接上延长管，导入废油桶，同时将转向助力油储液罐上的回油口堵上，如图22-19所示。

操作流程

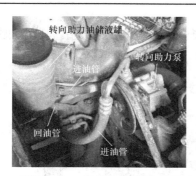

□图 22-14 转向助力油储存位置

□图 22-15 转向助力油尺

□图 22-16 连接抽油机

□图 22-17 抽取旧转向助力油

□图 22-18 拆卸回油管

□图 22-19 堵住回油口

□ 4．向转向助力油储液罐内添加新的转向助力油至上刻度线，如图22-20和图22-21所示。

□图 22-20 加注新转向助力油

□图 22-21 检查加注量

步骤二　更换新转向助力油

□ 1. 起动车辆，大幅度左右转动转向盘，再轻微地转动转向盘，如图22-22所示。

□图 22-22　转动转向盘

□ 2. 重复步骤1，观察回油管经透明延长管流出油液的颜色，直到新油从中流出。

□ 3. 熄火装好回油管，使用清洗剂清洁接口处，并用压缩空气吹干，冷车状态添加新转向助力油至上刻度线，如图22-23和图22-24所示。再反复转动转向盘，确保液面不再下降为止，拧上转向助力油储液罐盖子。

操作流程

□图 22-23　添加新转向助力油

□图 22-24　添至上刻度线（冷车状态）

□ 4. 验车与交付。试车检查转向助力效果，如图22-25所示。

□图 22-25　检查转向助力效果

（二）配有液压助力转向系统车辆的使用注意事项

1. 转向助力油含有对身体有害的物质，沾到皮肤应及时清洗。

2. 转向助力油有腐蚀性，可能导致油漆失去光泽，也会导致橡胶配件老化，如有沾染应及时清洗。

操作流程	3．配有液压助力转向系统的汽车，在使用过程中避免转向盘打死，长时间会烧蚀转向助力泵。 4．注意6S操作标准。 **（三）技术要求** 转向助力油的更换周期为2年或4万千米（先到为准）。 转向助力油的液位在上、下刻度线之间。 更换后，多次转动转向盘，直至转向助力油液面不再下降。
验收	转向盘反复打到底，直至转向助力油不再有气泡和乳化现象为止，且发动机停转后，液面变化不大，说明空气已排净。 进行动力转向装置密封性检查，确保没有管路泄漏现象。
检查与评估	
6S管理规范 （教师点评）	□整理 □整顿 □清扫 □清洁 □素养 □安全
成绩评定 （学生总结）	小组对本人的评定：□优 □良 □及格 □不及格 学生本次任务成绩：□优 □良 □及格 □不及格

专业考核评分表——转向助力油检查与更换

班级：		组别：		组长：		日期：	
技术标准：1. 转向助力油更换流程；2. 转向助力油检查方法及要求							
序号	作业项目	考核内容	考核标准	分值	扣分		得分
1	准备环节	正确选用工具	选错1次扣1分	5			
2		正确使用工具	用错1次扣1分	5			
3	放油环节	转向助力油液位的检查（确定是否漏油）	按照放油流程规范操作，错1次扣2分	15			
4		真空抽油机连接及规范使用					
5		抽取储液罐内的旧油	按照流程规范抽取旧油、加注新油，错1次扣2分	25			
6		添加新的转向助力油					
7	换油环节	左右打转向盘	按照流程规范操作，错1次扣2分	20			
8		排除旧油					
9		清洁及装复		20			
10		检验					
11		项目实训时间	0～10min 10分 10～12min 7分 12～14min 3分 ＞14min 0分	10			
质检员：		评分员：		合计得分			

教师点评：

团队合作：优秀□ 良好□ 及格□ 不及格□   分工明确：优秀□ 良好□ 及格□ 不及格□

专业标准：优秀□ 良好□ 及格□ 不及格□   操作规范：优秀□ 良好□ 及格□ 不及格□

教师签字：   年   月   日

注：实训未按规范操作，导致设备损坏或人身伤害，本次考核记0分。

实训项目二十三　汽车全车灯光

任务一　全车灯光认知

_____学时

班级：	组别：	姓名：	掌握程度：□优　□良　□及格 □不及格

一、工作任务

1．认识车灯。

2．掌握灯光手语。

3．培养较强的法律、安全、质量、效率及环保意识，具备严谨的工程技术思维和工匠精神。

二、项目认知

1．车灯认知

写出图23-1所示中字母所示的车灯的名称和作用。

图 23-1　灯光认知

A为_____，作用是_____；

B为_____，作用是_____；

C为_____，作用是_____；

D为_____，作用是_____；

E为_____，作用是_____；

F为_____，作用是_____；

G为_____，作用是_____；

H为_____，作用是_____。

2．照明与信号系统组成及功率

查询有关车型资料，填写照明与信号系统组成及功率。

（1）前照灯功率为_____W；示宽灯功率为_____W。

（2）日间行车灯。欧盟通过新法规强制新车安装日间行车灯，其中轿车和小型货车从2011年2月7日起开始实行，卡车和巴士2012年8月开始实行。

（3）牌照灯功率为_____W；仪表灯"功率"为_____W；顶灯功率为_____W；雾灯功率为_____W。

（4）转向灯功率为_____W以上；制动灯功率为_____W；倒车灯功率为_____W。

（5）指示灯功率为_____W；报警灯功率为_____W。

3．车辆外部灯光检查

示宽灯工作位置

图23-2　示宽灯开关

（1）示宽灯检查。如图23-2所示，将灯光总开关置于_____位置，车前观察_____点亮状况，车后观察_____和_____点亮状况，同时车内观察_____点亮状况。

雾灯开启位置

图23-3　雾灯开关

（2）雾灯检查。如图23-3所示，将灯光总开关置于_____位置，打开雾灯开关，观察_____点亮状况。

前照灯工作位置

图23-4　前照灯开关

（3）前照灯近光检查。如图23-4所示，将灯光总开关从示宽灯位置置于_____位置，且开关上下处于_____位置（上下之间的中位），车前观察前照灯_____工作状况。

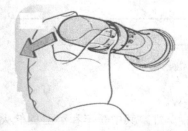

图23-5　开启前照灯开关

（4）前照灯远光检查。如图23-5所示，将灯光总开关从近光位置向下推到_____位置（上下之间的下位），车前观察前照灯_____点亮状况，仪表板上观察_____点亮状况。

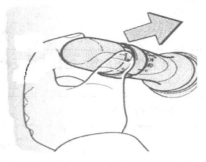

图 23-6　开启会车灯（前照灯闪光）开关

（5）前照灯闪光检查。如图23-6所示，将总开关置于OFF，上拉开关置于＿＿＿＿位置（上下之间的上位），车前观察前照灯是否＿＿＿＿，观察仪表板上远光指示灯是否＿＿＿＿。

前照灯闪光即＿＿＿＿信号灯，超车时发出该信号，告知前方车辆会超车。

□ 案例分享 □

━━━━●━━━【故障现象】━━━●━━━

一辆 2006 款丰田威驰 1.3L 手动挡轿车，已行驶距离为 13 万千米。当驾驶员打前照灯近光挡时，发现右侧灯光出现炫目现象，而左侧近光正常。

━━━━●━━━【故障诊断】━━━●━━━

威驰轿车采用双丝灯泡，在其近光灯丝下方装有遮光罩，能够挡住灯丝发光时射向反射镜下部的光线，因此正常情况下，打近光挡是不会出现炫目情况的。故障现象出现，极有可能是因为灯泡的安装部位及其连接线路出现问题。

━━━━●━━━【故障排除】━━━●━━━

根据汽车灯光系统故障维修思路，首先按规定拆下前照灯，推开中间的锁紧铁线，打开锁扣，观察灯泡是否处在正确的位置。

若灯泡安装位置正确，则在前照灯外壳上调整控制反射镜方向的调整螺钉，看其是否出现角度不恰当的情况。

若检查结果并无问题。最后检查前照灯 3 个端子插头的连接情况有无错误，若插头连接错误，再反接远、近光线路，找出故障位置。当灯光开关打开近光挡时，右侧前照灯连接的是远光灯线路，所以发生了炫目现象。此时，将线束插头进行正确连接即可。

━━━━●━━━【故障原因】━━━●━━━

将线束中远、近光的线束插头进行正确连接，故障排除。

━━━━●━━━【案例总结】━━━●━━━

汽车灯光系统中的各种灯光，它们的供电线路是交织在一起的。在接线时，要注意看懂电路图和实物对照，同时要掌握汽车灯光系统故障维修的技巧和标准规范维修思路，这样才能够快速帮助我们解决汽车灯光故障，保证驾驶员、乘客的出行安全。

汽车快修快保实训工单（AR版）

任务二　全车灯光检查

_____学时

班级：	组别：	姓名：	掌握程度：□优　□良　□及格 □不及格

实训目的	根据"任务二"的需求，能够掌握汽车全车灯光检查的方法。
安全注意事项	注意个人及设备安全，规范操作。
实训器材	整车（如朗逸）、整车防护七件套等。
教学组织	每辆车按6位学员（组长1人、主修1人、辅修1人、观察员1人、评分1人、质检1人）作业，循环操作。
操作步骤演示	  微课 全车灯光检查

任务	作业记录内容　☑正确　☒错误
前期准备	□ 1. 护具——整车防护七件套（前翼子板垫/左右翼子板垫/脚垫/转向盘套/座椅套/变速器操作杆套），如图23-7和图23-8所示。（注①）  前翼子板垫　左右翼子板垫　转向盘套　座椅套　脚垫　变速器操作杆套 □图 23-7　车外三件套 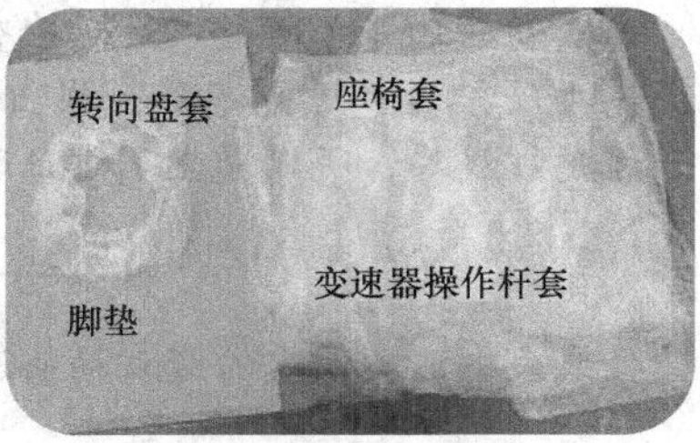　　□图 23-8　车内四件套 □ 2. 工具及耗材——整车等。
安全检查	□检查车辆驻车制动器是否拉起及变速杆是否处于空挡。 □检查车辆周围是否安全。

注①：准备工作一定注意四到位。1. 防护到位；2. 工具到位；3. 设备到位；4. 耗材到位。

.220.

防护工作	防护工作的操作步骤如图23-9～图23-11所示。    □图 23-9　人身防护　　□图 23-10　车身防护　　□图 23-11　车内防护
操作流程	**（一）操作步骤** □ 判断检查汽车全车灯光的标准如下。 （1）车辆需要年检时，必须进行一次检查。 （2）车辆有灯光报警灯点亮，需要进行检查。 （3）在行驶中，因灯光影响行车安全，需做全面检查 。 **步骤一　前部灯光检查** □ 1．对操作人员及车内进行防护工作。 □ 2．前部示宽灯检查。 □ 主修员做手势，如图23-12所示。 □ 辅修员控制车灯开闭。 □ 3．近光灯检查。 □ 主修员做手势，如图23-13所示。 □ 辅修员控制车灯开闭。   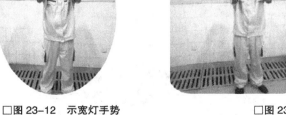 □图 23-12　示宽灯手势　　　　　□图 23-13　近光灯手势 □ 4．远光灯检查。 □主修员做手势，如图23-14所示。 □辅修员控制车灯开闭。 □ 5．闪光灯检查 □主修员做手势，如图23-15所示。 □辅修员控制车灯开闭。

操作流程

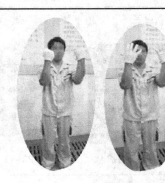

□图 23-14　远光灯手势　　　　　　　　□图 23-15　闪光灯手势

□6．左转向灯检查。
□主修员做手势，如图23-16所示。
□辅修员控制车灯开闭。
□7．右转向灯检查。
□主修员做手势，如图23-17所示。
□辅修员控制车灯开闭。

□图 23-16　左转向灯手势　　　　　　　□图 23-17　右转向灯手势

□8．危险警告灯检查。
□主修员做手势，如图23-18所示。
□辅修员控制车灯开闭。

□图 23-18　危险警告灯手势

	□ 9．前雾灯检查。
	□ 主修员做手势，如图23-19所示。
	□ 辅修员控制车灯开闭。
	步骤二 后部灯光检查
	□ 1．后部示宽灯、牌照灯检查。
	□ 主修员做手势，如图23-20所示。
	□ 辅修员控制车灯开闭。
操作流程	 
	□ 图 23-19　前雾灯手势　　　　　□ 图 23-20　后部示宽灯手势
	□ 2．制动灯检查。
	□ 主修员做手势，如图23-21所示。
	□ 辅修员控制车灯开闭。
	□ 3．倒车灯检查。
	□ 主修员做手势，如图23-22所示。
	□ 辅修员控制车灯开闭。

	□ 图 23-21　制动灯手势　　　　　□ 图 23-22　倒车灯手势
	□ 4．左转向灯检查。
	□ 主修员做手势，如图23-23所示。
	□ 辅修员控制车灯开闭。

操作流程	□ 5．右转向灯检查。 □主修员做手势，如图23-24所示。 □辅修员控制车灯开闭。  □图 23-23　后部左转向灯手势　　　　□图 23-24　后部右转向灯手势 □ 6．危险警告灯检查。 □主修员做手势，如图23-25所示。 □辅修员控制车灯开闭。 □ 7．后雾灯检查。 □主修员做手势，如图23-26所示。 □辅修员控制车灯开闭。  □图 23-25　后部危险警告灯手势　　　　□图 23-26　后雾灯手势 （二）注意事项 1．前部/后部灯光检查时手势与声音要相互配合。 2．在开启灯光的操作过程中点火开关只需打到"ON"挡位，禁止起动发动机。 3．在前部/后部灯光检查过程中，要求组长传递主修员和辅修员之间的口令，质检员监督辅修员的操作是否正确。 （三）技术要求 1．车辆前部/后部灯光检查顺序。 2．车辆前部/后部灯光检查手势。
验收	对全车的灯光进行检查，检查每一个灯光是否都能正常使用。是□　否□

检查与评估	
6S管理规范 （教师点评）	□整理　□整顿　□清扫　□清洁　□素养　□安全
成绩评定 （学生总结）	小组对本人的评定：□优 □良 □及格 □不及格 学生本次任务成绩：□优 □良 □及格 □不及格

专业考核评分表——全车灯光检查

班级：		组别：	组长：		日期：		
技术标准：1. 灯光手势表达的含义；2. 两人配合操作符合双人快修快保的要求							
序号	作业项目	考核内容	考核标准	分值	扣分	得分	
1	准备环节	灯光手势标准	做错1次扣1分	5			
2		灯光开关操作规范	用错1次扣1分	5			
3	前部灯光检查	前示宽灯检查	按照流程，车外人员站的位置要正确；做出标准规范的灯光手势，车内人员根据手势打开相应的开关；车外人员能及时报出检查结果。以上操作错1次扣2分	20			
4		前照灯远光检查					
5		前照灯近光检查					
6		前照灯闪光检查		20			
7		左、右转向灯检查					
8		危险警告灯检查					
9		雾灯检查					
10	后部灯光检查	后示宽灯检查		20			
11		制动灯检查					
12		左、右转向灯检查					
13		危险警告灯检查		20			
14		倒车灯检查					
15	项目实训时间		0～10min　　10分 10～12min　　8分 12～14min　　5分 ＞14min　　0分	10			
质检员：		评分员：		合计得分			
教师点评： **团队合作**：优秀□ 良好□ 及格□ 不及格□　　　　**分工明确**：优秀□ 良好□ 及格□ 不及格□ **专业标准**：优秀□ 良好□ 及格□ 不及格□　　　　**操作规范**：优秀□ 良好□ 及格□ 不及格□							
教师签字：				年　　　月　　　日			

注：实训未按规范操作，导致设备损坏或人身伤害，本次考核记0分。

实训项目二十四 —— 节气门

任务一 节气门认知

_____学时

班级：	组别：	姓名：	掌握程度：□优 □良 □及格 □不及格

一、工作任务

1. 熟知节气门的组成及作用。
2. 掌握节气门清洗方法、匹配方法。
3. 培养学习、工作精细化的态度。

二、项目认知

1. 节气门

（1）节气门的作用是_____，间接地控制喷油量；节气门的结构如图24-1所示。

（2）节气门安装在_____，如图24-2所示。

节气门位置
传感器

节气门

怠速阀

冷却管路

图 24-1 节气门结构

图 24-2 节气门安装位置

2. 节气门位置传感器（TPS）

（1）节气门位置传感器的作用：检测节气门的_____，并把该信号转变为电压信号输送给ECU，作为控制喷油_____、点火_____、怠速控制、尾气排放的主要修正信号，也是自动变速器_____和变矩器_____的信号。

（2）节气门位置传感器安装在_____。

（3）工作原理：发动机怠速运转时，_____闭合，发动机处于_____状态。加大节气门开度后，_____打开，随着_____的打开，滑动变阻器逐渐变_____，输出信号变_____，如图24-3所示。

节气门电路图如图24-4所示。VC表示＿＿＿＿＿，VTA表示＿＿＿＿＿，IDL表示＿＿＿＿＿＿，E2表示＿＿＿＿＿。

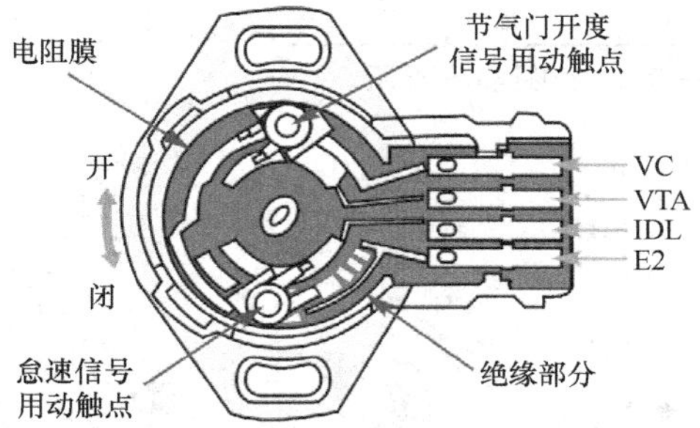

图 24-3　节气门工作原理

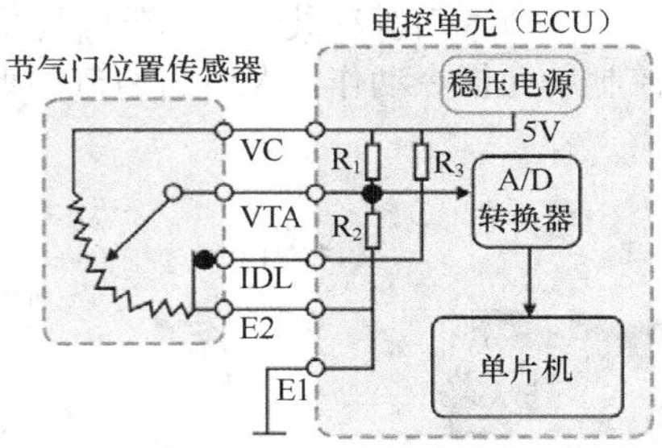

图 24-4　节气门电路

3．电子节气门控制系统

（1）电子节气门控制（EPC）系统是一种新型的节气门控制方式，其系统组成也有别于传统节气门。

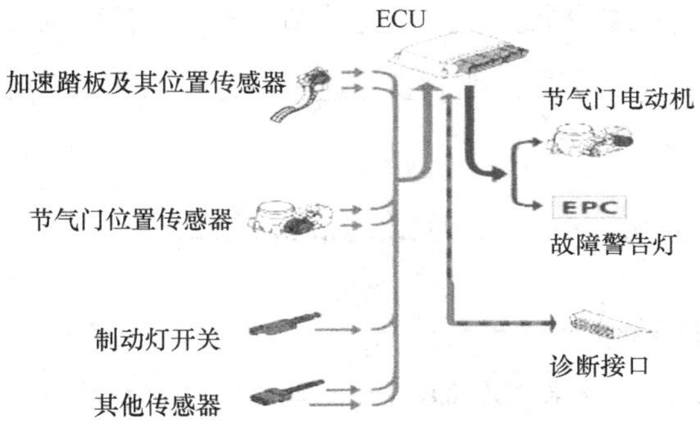

图 24-5　电子节气门控制系统

如图24-5所示，电子节气门控制系统主要由＿＿＿＿＿＿＿＿＿、加速踏板、＿＿＿＿＿＿＿＿＿、节气门位置传感器、节气门＿＿＿＿＿＿＿、＿＿＿＿＿＿＿＿＿和ECU等组成。

（2）加速踏板位置传感器。

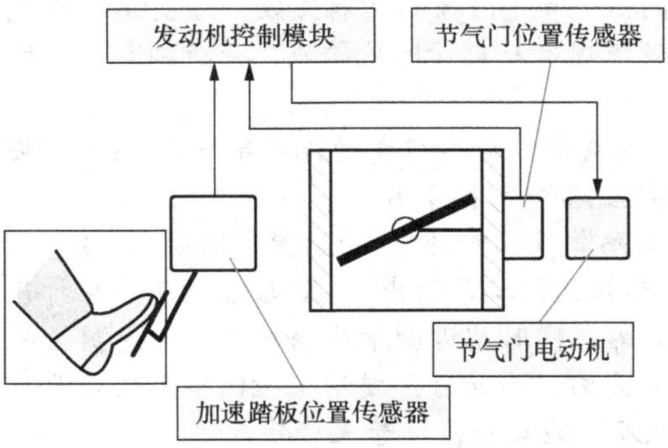

图 24-6　加速踏板位置传感器工作原理

加速踏板位置传感器（AP或APP）安装在＿＿＿＿＿＿＿上，如图24-6所示。它主要产生反映加速踏板＿＿＿＿＿＿和＿＿＿＿＿＿的电信号，输送给ECU，作为节气门＿＿＿＿＿＿的主要信号。

（3）节气门体组件。节气门组件由＿＿＿＿＿＿＿＿＿＿传感器、＿＿＿＿＿＿＿＿＿＿传感器、节气门驱动＿＿＿＿＿＿＿＿＿＿、驱动＿＿＿＿＿＿＿＿＿＿、节气门和控制组件组成，如图24-7所示。

（4）节气门驱动装置。节气门驱动装置由＿＿＿＿＿＿＿＿＿和＿＿＿＿＿＿＿＿＿组成，其作用是按照控制单元指令动作，及时将节气门调整到适当开度，如图24-8所示。

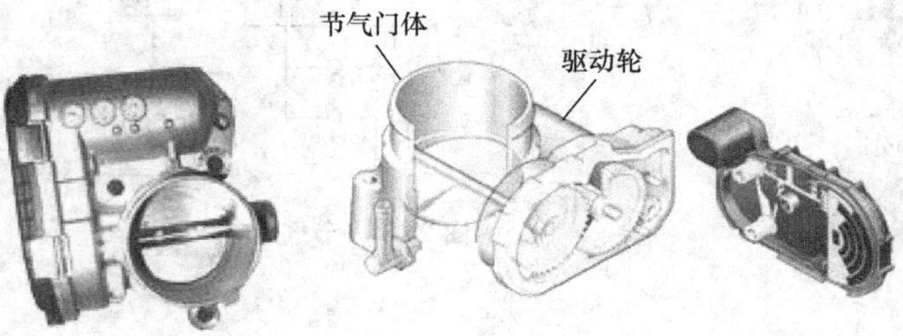

图 24-7　节气门体组件

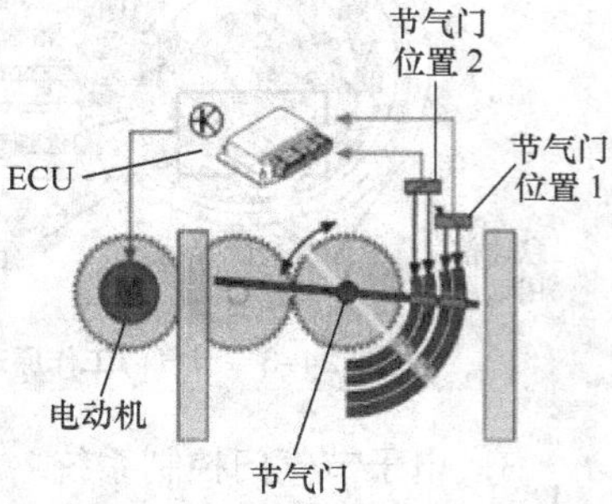

图 24-8　节气门驱动装置工作原理

节气门位置传感器随时监测＿＿＿＿＿＿＿＿＿位置并把＿＿＿＿＿＿＿＿＿反馈给ECU，当节气门开度与最佳开度参数不一致时，ECU把相应电压信号发送到＿＿＿＿＿＿＿＿＿，驱动执行电动机使节气门处于最佳＿＿＿＿＿＿＿＿＿位置。

❑ 案例分享 ❑

【故障现象】

迈腾 B7L，配置 2.0L-TSI 发动机（CGM）。行驶里程为 2.8 万千米。发动机起动后只能怠速运转，踩加速踏板，转速无法提升。

【故障诊断】

利用故障诊断仪检查发动机电控系统，发现存在故障码："P0641：传感器基准电压'A'断路""P0651：传感器基准电压'B'断路""P1545：节气门控制功能失效""P2106：节气门控制单元 J338 由于系统故障功率受限"。根据故障现象及自诊断故障码，分析判断该车故障点在电子节气门控制系统。

维修人员根据电路图检查电子节气门的 T6as 插头中各插脚与发动机控制单元 T94 插头中相应各插脚之间连接情况，未发现有断路及相互短路等异常情况。

故障码中有"P0641：传感器基准电压'A'断路"及"P0651：传感器基准电压'B'断路"两个。电子节气门控制单元插头 T6as/2 是发动机控制单元输出的 5V 基准电压。在打开点火开关时，实际测量该车此脚的电压值为 0V 左右，同时就近测量凸轮轴位置传感器插头第一脚（控制单元输出的 5V 基准电压），也是 0V 左右，由此可知发动机控制单元的确没有输出 5V 基准电压。检查发动机控制单元的各供电及接地端子，信号未见异常。

　　至此，分析为发动机控制单元内部故障，为验证推断，拆开发动机控制单元外壳，发现线路板已经烧毁。

───【故障排除】───

　　询问车主得知此车为事故车，发动机线束被撞断过。由此可以推断事故维修过程中，电子节气门 G186 电动机的导线与 G187/G188 的参考电压线及传感器搭铁线混接在一起造成了发动机控制单元烧毁。

　　更换发动机控制单元后故障排除。

───【故障原因】───

　　迈腾车的电子节气门部件本身比较可靠，节气门位置传感器为非接触的磁阻式传感器，发生故障的概率比较低，发动机线束故障常会造成节气门位置传感器信号超差。在处理控制单元损坏故障时，一定要找到真正的故障原因。盲目地更换新的控制单元，可能会造成控制单元再次损坏。

　　造成控制单元损坏的原因有以下几方面。

　　1. 车上电焊操作；

　　2. 发电机故障或控制单元搭铁不良；

　　3. 线束损坏造成短路；

　　4. 控制单元进水。

───【案例总结】───

　　对电子节气门进行故障诊断与排除时，需将其电路及实物结合起来分析，才可准确地找到故障发生的原因，并采取相对应的方法予以排除。

任务二　节气门清洗及匹配

_____学时

班级：	组别：	姓名：	掌握程度：□优　　□良　　□及格 □不及格
实训目的	根据"任务二"的需求，能够掌握节气门的清洗与匹配方法。			
安全注意 事项	注意个人及设备安全，规范操作。			
实训器材	整车（如朗逸）、世达工具、故障诊断仪、清洗剂、整车防护七件套、软布、 清洗剂、气枪等。			
教学组织	每辆车按6位学员（组长1人、主修1人、辅修1人、观察员1人、评分1人、质检1 人）作业，循环操作。			

操作步骤 演示	![操作步骤演示图]　　　微课 ［二维码］ 节气门清洗及 匹配

任务	作业记录内容　☑正确　☒错误
前期准备	□ 1．护具——整车防护七件套（前翼子板垫/左右翼子板垫/脚垫/转向盘套/座椅套/变速器操作杆套），如图24-9和图24-10所示。（注①） ［图片：前翼子板垫、左右翼子板垫］　　　［图片：转向盘套、座椅套、脚垫、变速器操作杆套］ □图24-9　车外三件套　　　　　　　　□图24-10　车内四件套 □ 2．工具及耗材——整车、世达工具（见图24-11）、故障诊断仪（见图24-12）、软布（见图24-13）、清洗剂（见图24-14）、气枪等。

注①：准备工作一定注意四到位。1．防护到位；2．工具到位；3．设备到位；4．耗材到位。

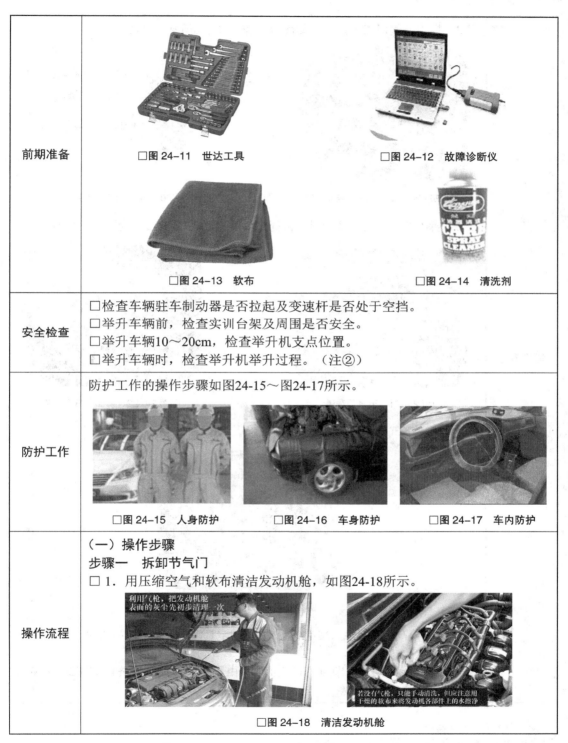

前期准备	□图 24-11 世达工具　　　　　　　　□图 24-12 故障诊断仪 □图 24-13 软布　　　　　　　　　　□图 24-14 清洗剂
安全检查	□检查车辆驻车制动器是否拉起及变速杆是否处于空挡。 □举升车辆前，检查实训台架及周围是否安全。 □举升车辆10~20cm，检查举升机支点位置。 □举升车辆时，检查举升机举升过程。（注②）
防护工作	防护工作的操作步骤如图24-15~图24-17所示。 □图 24-15 人身防护　　　□图 24-16 车身防护　　　□图 24-17 车内防护
操作流程	（一）操作步骤 步骤一　拆卸节气门 □1. 用压缩空气和软布清洁发动机舱，如图24-18所示。 利用气枪，把发动机舱表面的灰尘先初步清理一次 若没有气枪，只能手动清洗，但应注意用干燥的软布来将发动机各部件上的水擦净 □图 24-18 清洁发动机舱

注②：举升过程中若有异常或异响，应立刻停止当前作业并及时和老师联系，不得擅自处理。

□2．拆下节气门线束接头，如图24-19和图24-20所示。（注③）

向里推插头，
向下按锁片

□图24-19　节气门线束接头位置　　　　□图24-20　节气门线束接头

□3．拆下节气门附件及管道连接处，如图24-21和图24-22所示。（注④）

操作流程

□图24-21　节气门管道　　　　　　　□图24-22　拆卸节气门附件

□4．拆下节气门固定螺栓，如图24-23所示。

□图24-23　拆卸节气门固定螺栓

□5．取下节气门部件，用毛巾盖住进气道（避免拆卸过程中灰尘、杂质落入进气道）。

□6．电气元件向上，节气门倾斜45°，由正到反，反复清洗，如图24-24和图24-25所示。（注⑤）

注③：线束插头的插拔方法要正确。
注④：如有水管，注意先打开膨胀水壶盖再拆卸水管。
注⑤：重点清洗节气门轴及翻盖板，禁用尖锐物品剐蹭节气门。

操作流程	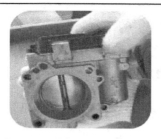 

□图 24-24　电气元件向上拿住节气门　　　　　　□图 24-25　清洗节气门

□ 7．用气枪吹干节气门，擦拭节气门下方进气道口，如图24-26和图24-27所示。

□图 24-26　吹干节气门　　　　　　　　　　□图 24-27　清洁进气道口

□ 8．将节气门体、线束、管路等装配复原，检查是否安装到位。

步骤二　节气门匹配（注⑥）

□ 1．打开点火开关，不起动发动机，连接故障诊断仪，进行节气门位置的匹配，如图24-28和图24-29所示。

□ 2．故障诊断仪操作：01发动机系统（有无故障）——→匹配——→输入通道号000——→确定——→输入060，点击"确定"（右边显示数据节气门开始动作之后结束）。

□图 24-28　故障诊断仪　　　　　　　　　　□图 24-29　进行节气门匹配

（二）注意事项

1．注意线束插头的插拔。

2．注意进气软管的正确拆装。

3．用毛巾覆盖进气道。

注⑥：不同车型匹配方法是不同的；同种车型的通道和组别数也会不同。

操作流程	4．注意带有水管的节气门体拆装方法。 5．安装节气门前对其进行清洁。 **（三）技术要求** 1．节气门体固定螺栓的安装位置、力矩应正确。 2．清洗时将节气门倾斜45°。 3．故障诊断仪的通道号输入应正确。
验收	质检验收 起动发动机，检查发动机是否抖动。　　　　是□ 否□ 同客户试车，确认其是否有异议。　　　　是□ 否□ 检查仪表板上是否有报警灯点亮。　　　　是□ 否□ 与施工单对照，检查各项目是否完成。　　是□ 否□ 检查工具、设备是否落在车上。　　　　　是□ 否□
检查与评估	
6S管理规范 （教师点评）	□整理　　□整顿　　□清扫　　□清洁　　□素养　　□安全
成绩评定 （学生总结）	小组对本人的评定：□优 □良 □及格 □不及格 学生本次任务成绩：□优 □良 □及格 □不及格

专业考核评分表——节气门清洗及匹配

班级：		组别：	组长：	日期：		
技术标准：1. 节气门清洗的流程；2. 大众车节气门的匹配流程						
序号	作业项目	考核内容	考核标准	分值	扣分	得分
1	准备环节	正确选用工具	选错1次扣1分	5		
2		正确使用工具	用错1次扣1分	5		
3	操作环节	发动机舱清洁	按照标准流程规范拆卸，错1次扣2分	20		
4		拔下节气门的插头				
5		拆卸节气门				
6		清洗节气门	按照清洗流程规范操作，错1次扣2分	20		
7		安装节气门				
8	匹配环节	连接故障诊断仪	按照故障诊断仪操作流程操作，错1次扣2分	20		
9		清除故障码				
10		正确地输入通道号	按照匹配流程规范操作，错1次扣2分	20		
11		匹配成功提示				
12		起动发动机，验收				
13		项目实训时间	0～20min 10分 20～22min 8分 22～24min 5分 ＞24min 0分	10		
质检员：		评分员：		合计得分		

教师点评：

团队合作：优秀□ 良好□ 及格□ 不及格□   分工明确：优秀□ 良好□ 及格□ 不及格□

专业标准：优秀□ 良好□ 及格□ 不及格□   操作规范：优秀□ 良好□ 及格□ 不及格□

教师签字：   年   月   日

注：实训未按规范操作，导致设备损坏或人身伤害，本次考核记0分。

附录一 _____ 实训项目 6S 管理考核评分表

班级：		组别：	组长：		日期：	
序号	分类	项目	操作内容	确认	分值	得分
1	准备环节	实训项目确认	实训项目与场所是否相符	☐	10	
2		实训资料准备	学生证/实训手册	☐		
3		个人防护用品	手套/工作服/眼镜等	☐		
4		车身防护用品	整车防护七件套	☐		
5		实训设备	依据实训手册要求	☐	5	
6		实训工具		☐		
7		实训耗材		☐		
8	实操环节	常用工具/量具使用	符合规范和要求	☐	15	
9		专用工具/量具使用	符合实操内容要求	☐		
10		操作顺序	按照实训手册要求	☐	15	
11		操作记录	按照规范要求	☐		
12		部件放置	按照6S规范	☐		
13		操作规范	按照标准流程	☐		
14		操作正确	正确使用工具/量具	☐	15	
15		操作准确	拆装符合标准（力矩）	☐		
16	质检环节	工具使用规范	符合实训标准	☐	15	
17		操作失误	违反操作流程	☐		
18		一般实训事故	漏油、漏水/工具落地/安全凳未放在规定支撑点等	☐		
19		较大事故	设备损坏/车辆损坏/零部件损坏	☐		
20	6S管理	设备归位	车落地/设备到位	☐	15	
21		工具归位	工具入箱/工具车到位	☐		
22		耗材归位	可用材料归位/废品按规范处理	☐		
23		地面清扫	清扫/整洁/整齐	☐		
24		记录填写	实训日志规范填写	☐		

序号	分类	项目	操作内容	确认	分值	得分
25	实训小结	质检报告实训全过程	准备阶段/实操（工、量具使用/流程符合标准）/实训规范	☐	10	
26		评分	打分并予以说明	☐		
27		组长小结点评	小结实训/点评到人	☐		

质检员：	评分员：	合计得分	

教师点评：

团队合作：优秀☐ 良好☐ 及格☐ 不及格☐　　　　**分工明确：**优秀☐ 良好☐ 及格☐ 不及格☐

操作规范：优秀☐ 良好☐ 及格☐ 不及格☐　　　　**6S管理：**优秀☐ 良好☐ 及格☐ 不及格☐

教师签字：　　　　　　　　　　　　　　　　　年　　月　　日

注：实训未按规范操作，导致设备损坏或人身伤害，本次考核记0分。

　　如有需要可自行复印此表。进行实训项目时由质检员和评分员填写此表，实训项目完成后，由教师将点评意见和学生实训成绩填写在表上。教务部门可将此作为实训效果评测内容之一。

附录二 _____ 学校汽车快修快保实训报告

班级		报告人		报告日期	
实训项目				实训时间	

实训目标：

实训准备：	（按照工单要求检查核对）
设备：	
工具：	
耗材：	
其他：	

实训流程：

实训结果（或测试数据）：

实训体会：

实训人（签名）：

教师点评：

教师签名：

日　　期：

实训成绩	优秀〇　　　　良好〇　　　　及格〇　　　　不及格〇

注：如有需要可自行复印此表。每个实训项目完成后，该实训小组须填写此表。教务部门可将此作为实训效果评测内容之一。